新入社員から
社長まで

ビジネスにいちばん使える会計の本

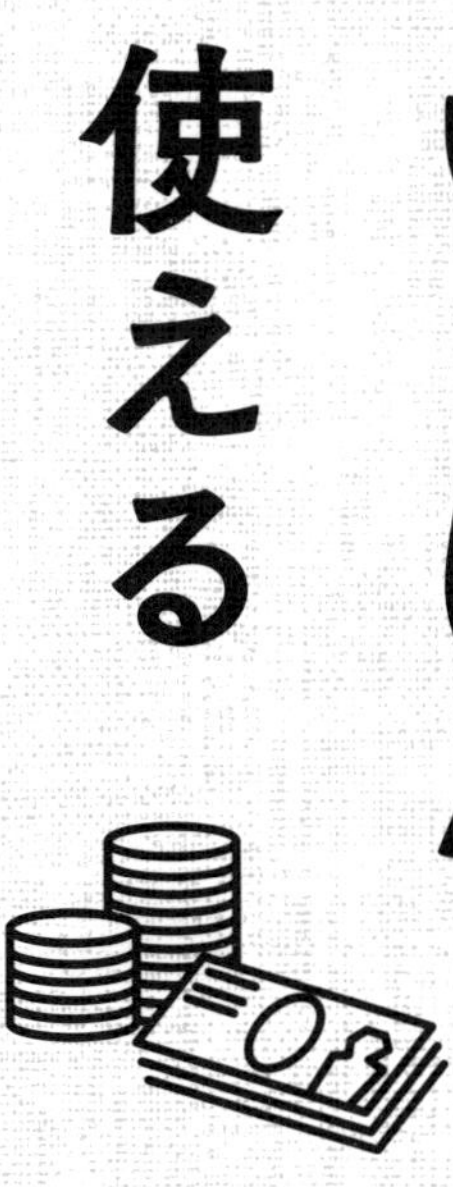

安本隆晴
Takaharu Yasumoto

ダイヤモンド社

はじめに――会計を使いこなす人と会計に使われる人

健康のありがたさは、健康を害したときによくわかります。

お金のありがたさも同じで、借金で首が回らなくなったときにこそ、よくわかります。ムダ遣いがどうしても止められず借金が増えていく人は、入金（収入）と出金（支出）のバランスを無視しているので、自己破産に至るケースがままあります。

ところで、自己破産者で家計簿をつけていた人なんて聞いたことがあるでしょうか？　個人の会計、つまり家計については、お金の入金と出金のバランスを気にしていればよく、借金の残高と翌月の返済額を管理して、しっかり家計簿をつけていれば自己破産する人はいないでしょう。

一方、会社の会計については、そう簡単にはいきません。売上や仕入れなどの帳簿への記入（記帳といいます）は現金での入出金にかぎりません。というよりも、それ以外の信用取引のほうが多いからです。

掛けやクレジットカードで商品を売るのは、日常の出来事です。掛けで売っても、売掛《うりかけ》金《きん》（掛けで売ったときの未収金）が入金されるまでは現金は回収されません。おまけにクレジットカードで売ると手数料が引かれます。また、売掛金の回収日に手形を受け取ったら、今度はそれが支払日に落ちて銀行口座に入ってくるまで待たされます。

逆に、「この仕入れ、ツケにしておいて！」と取引相手から掛けで仕入れたり、その買《かい》掛金《かけきん》（掛けで仕入れたときの未払金）を手形で支払うことがあるので、お金が出ていくタイミングは仕入れた物の動きより遅くなります。

取引相手を信用しているから成立する、売り上げる側も仕入れる側もお相子の世界です。ただし厄介なのは、回収（入金）よりも支払い（出金）のタイミングのほうが早いことが多い、ということです。さらに、給料や家賃などの支払いは、売上がまったく上がらなくても発生します。

こんなふうに会社の会計では、現金が動くときに帳簿をつける方法（現金主義）だけでは取引の全体像をつかめないので、売掛金が発生したときのように取引が始まったらすぐに帳簿につけておく方法（発生主義）が使われます。これでやっと取引の全体像がタイムリーにつかめるのです。

帳簿につける方法も、一つの取引を二つの視点に分けて記録し（仕訳《しわけ》する、といいます）、決算のときには財産と損益の状況がわかるように決算書が作られます。こうした処理方法を二つの視点にちなんで「複式簿記《ふくしきぼき》」と呼びます。残念なことに、「簿記」の簿の字を聞いただけで拒否反応を起こしてしまう経営者やビジネスパーソンは数多いです。

ぼくは30年以上にわたり、経営コンサルティングの仕事を続けてきました。ユニクロ（ファーストリテイリング）、アスクル、ＵＢＩＣをはじめとして、いくつかの上場会社の社外役員を上場前から務めてきてもいます。また、中央大学専門職大学院や未来経営塾（ぼくの主催する若手経営者向けの勉強会）での講義をとおして、多くの経営者やビジネスパーソンに接してきました。

そうした活動のなかで気づいたことがあります。

彼ら彼女らは自社のビジネスの話はとても熱心に語るのに、会計の話になったとたんに逃げ腰になります。会計数字の裏づけがないため、事業の内容を聞いていてもまったくピンときません。「会計」や「簿記」に自分から壁を作ってしまっていて、そのあたりは経理担当者や顧問税理士に任せっきりのようです。会計など知らなくてもよいと思っているのでしょうか。

高校では数Ⅱや数Ⅲを勉強しますが、多くの人は社会に出てからほとんど使いません。それらの代わりに会計や簿記を高校で学べば、どれだけビジネス人生がラクに、そして豊かになるか…と考え込んでしまいます。

きちんと会計や簿記を学ぶのに越したことはありませんが、一から学ばなくても会計の勘所がわかったり、ビジネスに使えるようにするにはどうしたらよいか。はっきりいって「会計オンチをなくしたい」、そんなことを考え続けてきました。それがこの本を書こうと思った動機です。

この本では複式簿記の内容にはできるだけ触れず、決算書や会計の考え方が理解できるようにわかりやすく説明したつもりです。ただし、複式簿記については巻末に「イロハ」を解説したので、ぜひ読んでいただきたいと思います。

簿記を学ぶのがイヤな方は、自社の決算書を3〜5年分用意して、すべての科目と金額を千円単位でよいので書きだしてみてください。決算書は経営者にとっては自分自身の成績表ですし、社員の方々にとっては自社の健康状態をつかむ道具なので、真剣に取り組めるはずです。

そうすると、たとえば「売上高と売上原価の割合がなぜ、毎年こんなに変動しているのだろう?」とか「なぜ、売上高が昨年から10%以上も減っているのに、売掛金の金額は変わらないのか。逆に、在庫がそれ以上に変動しているのはなぜだろう?」などと、疑問点や気づきがいろいろ出てくると思います。

そんな素朴な発見について、経理担当者や顧問税理士に納得するまで質問してみましょう。それをくり返すうちに、会計に親しみがわいてくるはずです。

ぼくの知るかぎり、ビジネスで成功する人は自分なりの「会計思考」ができていて、会計の勘所なるものを身につけています。経理や財務などの仕事に携わらなければ、会計学と直接つながりがない「会計思考」だけで十分なのです。

会計を使いこなせる人が利益を生みだすビジネスマンだとすると、会計に使われる人は労働時間を貸すだけのサラリーマンでしょう。起きている時間の半分は働いているとすると、それでは人生を有意義に過ごせません。読者のみなさんには、この本をとおして会計を使いこなす人になっていただきたいと思います。

会計はけっして面倒くさいものではありません。要点さえわかってしまえば、ビジネスにとってこれほど強い味方はありません。

いつも社長やビジネスパーソンのそばに寄り添っているのに敬遠されがちな「会計」というものにスポットライトを当て、会計思考が日々の意思決定にどれほど影響を与えているのか、そして、会計を重視しているかどうかでビジネスの成果がどれほど変わるのかをできるだけやさしくお伝えしたいと思います。

２０１６年４月

安本隆晴

ビジネスにいちばん使える会計の本［目次］

はじめに――会計を使いこなす人と会計に使われる人　1

第1章

決算書はここだけわかればビジネスに使える！

①算数がわかれば「会計」は理解できる……18
そもそも会計は何のためにある？　18
会計の種類はとりあえず覚えなくていい　19
②三つの決算書（BS、PL、CF）はここに注目する！……21
BS、PL、CFって何？　21
必ず見ておきたいのはこの科目　24
③BSとPLは、水道管とプールの関係に似ている……27
フローとストックはどう違う？　27
決算書を特別なカメラで撮影すると…　30

④ PLからビジネスの「儲けの構造」をつかむ……31
何はさておき「儲けの構造」をチェックしよう！ 31
損益構造を品種ごとに抜きだすには？ 32
「構成比」を計算すればひと目でわかる 34

⑤ PLの「五つの利益」はこうしてチェックする……36
それぞれの利益にはどんな意味がある？ 36
三つの利益率をうまく上げるには？ 39

⑥ 同じ価格でも、粗利率が違うと利益はこんなに違う……42
同じ価格の商品なのに粗利が2倍も違う？ 42
直営店と卸売りの粗利率の違いは？ 45

⑦ 初めてでもよくわかるBS（貸借対照表）の理解法……48
BSは「会社の財政状態」を表す 48
BSにはほかにも二つの意味がある 50

⑧ BSではこの科目を真っ先にチェックしよう……54
いちばん重要なのは「現金」と「在庫」 54
年に一度は在庫の大掃除を 55
総資産がいたずらに膨らんでいないか？ 56

⑨ BS、PL、CFのつながりを理解しよう……58
PLの利益はBSの純資産に貯められる 58
三つの決算書はここでつながっている 60
⑩ 会社の健康状態をどのようにチェックするか？……62
五つの方法で診断するのがおすすめ 62
⑪ 経営分析指標で会社の状態をチェックする……68
押さえておきたい12の指標 68

第2章
会社の生き残りにいちばん大事なのはキャッシュフロー！

① そもそも「利益」と「現金」はどう違うのか？……78
「利益＝現金」にならないワケ 78
二つの算式を同時に考えることが大事 80
② 事業がうまくいくほど運転資金が足りなくなる!?……82
商売繁盛なのにお金が足りないのはなぜ？ 82

黒字なのに倒産してしまう理由　85

③ CF（キャッシュフロー計算書）をビジネスにどう使うか？……89
キャッシュフロー計算書の基本　89
実際のキャッシュフロー計算書を見てみよう　92
フリーキャッシュフローは会社が自由に使えるお金　95

④「資金繰り予定表」で資金繰りの不安を解消する！……97
お金の「前始末」をしよう！　97
「資金繰り予定表」は資金繰りの一覧表　98

⑤ 売上の何カ月分の現金を持っておけば安心か？……102
目安は売上高の2カ月分　102
手元資金の多い会社はどこか？　103

⑥ キャッシュフロー改善策1
回収条件を早く、支払条件を遅くする……106
売上の回収条件を早くするには？　106
仕入れの支払条件を遅くするには？　109
バランスがとれると資金繰りがラクになる　110

⑦ キャッシュフロー改善策2
ビジネスモデルを変える……111
「前受金ビジネス」がキャッシュフローの優等生 111
資金繰りがラクになるビジネスモデルは？ 112

⑧ キャッシュフロー改善策3
社内で現金をひねりだす……114
「経営資源の選択と集中」をする 114
上流にさかのぼって成功したユニクロ 116
「無在庫物流」でキャッシュフローはよくなる 118

⑨ キャッシュフロー改善策4
資金を調達する……119
資金を引っぱってくる五つの方法 119

第3章

ビジネスの現場で役立つ「会計数字」の使い方！

① どのように売上を増やして利益を上げるか？……128
売上高を分解すると具体策が見える 128

② 儲けの出る売値をどうやって決めるか？ 133
原価を積み上げて利益を加える 133
売値を間違えると大変なことに！ 136
③ 売上をいくら上げれば目標利益に届くのか？ 139
費用を変動費と固定費に分けてみる 139
損益分岐点を求めるには？ 143
④ 商品の値引きはいくらまで許されるのか？ 147
値引率の表を作って計算してみる 147
変動費の計算をモノサシにする 149
⑤ 支払いに不安のある顧客に商品を売るか？ 152
無理な受注は資金繰りが苦しくなる 152
貸し倒れを防ぐための解決策 154
⑥ 費用をいかに減らして利益を上げるか？ 156
これがコストダウンの具体策 156
購買や支払いのプロセスを見直してみる 159
⑦ 人の採用タイミングと人件費をどうするか？ 161

雇ったあとに採算がとれるかどうか？ 161
人材をコストの観点からとらえ直す 162
利益を社員にどのくらい配分するか？ 164
利益増と給料アップは両立できる 169

⑧ **在庫を減らすべきか、増やすべきか？** …… 170
在庫に対する見方は部署ごとに違う 170
在庫が増えると税金が増える 172

第4章

目標達成のために「会計PDCA」を回そう！

① **会計思考でPDCAを回すのが目標への近道** …… 176
PDCAを回すときに自問すること 176
どれくらいの頻度で回すか？ 179

② PDCA「3種の神器」1
何はさておき「月次決算書」を作ろう …… 182
月次決算書は「会社の成長の礎」となる 182
翌月5日までに作るのが原則 184

③ 会社が成長したら「事業部別損益表」を作ろう……186
PDCA「3種の神器」2
事業が一つだけならわかりやすいけど… 186
PLには表れない事業ごとの構造をつかむ 188

④ 評価のモノサシ「KPI」を設定しよう……190
PDCA「3種の神器」3
KPIは目標達成の必須アイテム 190
ヤマト運輸のユニークなKPI 193

⑤ 計画（P）の立て方しだいで成否が決まる……194
低い目標を立ててはいけない 194
ゴールから逆算して計画を立てる 195
行動計画は「5W2H」で決める 196

⑥ 経営計画をどのように立てればいいのか？……198
経営計画は三つのシナリオを作る 198
来年度の経営計画を立てる 199
中長期の経営計画を立てる 200

⑦ 実行（D）を妨げる要因をどのように取り除くか？……203

予期せぬ障害を吸収してしまう 203
全体最適を考えて実行する 205

⑧ 検証（C）で問題点を見つけて対策を練る …… 207
計画値と実績値の差をチェックしよう 207
分析するときに注意したいこと 208
何でも数値化する福岡の会社 211

⑨ 改善（A）の成果を高めるために知っておくこと …… 212
因果関係を見きわめるのが大事 212
よい改善策はよい報告から生まれる 213

⑩ 事例でよくわかる、PDCAをうまく回すコツ …… 216
ラッキー製菓の苦しみ 216
起死回生の計画 218
福宮社長の実行力 219
KPIが示した異常値 220
改善の末につかんだ希望 222

おわりに――会計を無意識のうちに使いこなすには 223

巻末付録
経営管理書類の作り方と複式簿記のイロハ……246

1 経営管理書類の作り方
「月次決算書」の作り方 245
「事業部別損益表」の作り方 243
「資金繰り予定表」の作り方 239

2 複式簿記のイロハを学ぶ
そもそも簿記ってどんなもの？ 235
「仕訳」のルールと流れ 234
実際に「仕訳」をやってみよう 229

第1章

決算書はここだけわかればビジネスに使える！

1 算数がわかれば「会計」は理解できる

そもそも会計は何のためにある?

世の中のすべての組織の活動を一つの観点から説明するのは不可能ですが、どんな会社の活動でも決算書でほとんど説明することができます。

会社で人が動けばお金が動き、お金が動けば会計がその動きを記録します。正しいルール（会計基準）にもとづいて記録された数字（会計数字）は、絶対にウソをつきません。どんな業種や規模にでも対応できる説明道具が会計なのです。

ざっくり定義すると、**会計とはビジネスの行動指針になるとともに、事業の関係者に活動成果を報告するための道具です。**それはけっして難しくないし、小学校で習った加減乗除（＋－×÷）がわかれば理解できます。

そもそも社会に役立つようなビジネスで、商品の品質や価格がお客様に受け入れられれば必ず儲け（利益）が出ます。儲けが出れば少しずつ現金も貯まっていきます。

逆に、社会に役立たないビジネスで、お客様に受け入れられなければ儲けも出ません。会社を立ち上げたころの元手資金もなくなり、いつかは倒産ということになります。最初からきちんと儲けが出て、その儲けをどう使えば事業が続けられるのか、経営者はしっかり考えなくてはなりません。

そのときに「いけるぞ！」とか「このままだと危ない！」などのセンサーの役目を果たすのも会計です。**大工さんが家を建てるのにノコギリやカンナを使うように、経営者は会社の舵をとるために会計という道具を使います。**

もう一つの役割は、お金を出資してくれた株主や、お金を貸してくれた銀行などに対して「事業はこんな状況になっています」と説明するときの資料です。言葉だけで説明するより、成績表のような数字の裏づけがあるほうがグッと説得力が高まります。

会計の種類はとりあえず覚えなくていい

会計の本を読むと、よく「財務会計」と「管理会計」の違いが書かれています。

「財務会計」とは株主、銀行、税務署などの社外関係者に情報を伝えるための会計です。貸借対照表、損益計算書、キャッシュフロー計算書などの決算書、会計方針・注記など、法律で決められたルールをもとに書類が作られています。

一方、「管理会計」は、原価計算書や事業部別損益表などのように、経営者や管理者などの社内関係者に情報を伝えるための会計です。法律で決められたルールはなく、自由な形式で資料が作られています。

ビジネスの現場では、財務会計と管理会計の区別なく資料を作ったり、会計用語を使ったりしていますので、この本でもそれにならいます。

また、上場会社などでは、決算書の目的によって金融商品取引法会計、会社法会計、税務会計、国際会計などいろいろな制度の会計があり、混在しながら動いています。どこかからが何々会計でどこからが別の会計だと定義しても難しくなるだけなので、本書では省略します。

では、まずは決算書の話から始めましょう。

2 三つの決算書（BS、PL、CF）はここに注目する！

BS、PL、CFって何？

会社の会計では、すべての取引が複式簿記というルールによって記録され、1年間で締め切って二つの決算書が作られます。これが「貸借対照表《たいしゃくたいしょうひょう》」と「損益計算書《そんえきけいさんしょ》」です。

貸借対照表（Balance Sheet＝BS）は、1年間の期末日（決算日）におけるプラスの財産（資産）とマイナスの財産（負債）の状態を表し、それらを差し引いた純資産（資本）も示します。

損益計算書（Profit and Loss Statement＝PL）は、期末日までの1年間の収益（売上高など）と費用（売上原価、販売費及び一般管理費など）を表し、それらを差し引いた利益も示しています。

また、二つの決算書以外に、期末日までの1年間のお金（キャッシュ）の流れ（フロー）に注目し、営業活動、投資活動、財務活動の三つの動きを表した「キャッシュフロー計算書（Cash Flow Statement＝ＣＦ）」という決算書があります。これは、ＢＳとＰＬから一部の科目と金額を抜きだして作られるものです。

ＣＦは上場会社の決算書ではよく登場しますが、主に投資家に説明するために作られるものなので、中小企業ではほとんど見かけません。

資金繰りの道具としては使いにくいこともあって、**中小企業ではＣＦの代わりに「資金繰り表」というものを作ります。**これには2種類あって、将来の計画値を示したものを「資金繰り予定表」、過去の実績値を示したものを「資金繰り実績表」と呼びます。

ぼくのおすすめは、**翌月以降の資金繰り予定については「資金繰り予定表」を作って毎月検討し、決算期末のみの1年間の現金の出入りの説明には「キャッシュフロー計算書」を作る**というものです。

三つの決算書の詳しい内容は後述しますので、まずは図表1に示した大きな科目と構造だけを覚えてください。

図表1――決算書はこんな構造になっている

貸借対照表（BS）

資産	負債・純資産
流動資産	**流動負債**
現金及び預金	支払手形及び買掛金
受取手形及び売掛金	短期借入金
有価証券	**固定負債**
たな卸資産	長期借入金
その他	引当金
固定資産	**負債合計**
有形固定資産	株主資本
無形固定資産	資本金
投資その他の資産	利益剰余金
	純資産合計
資産合計	**負債・純資産合計**

損益計算書（PL）

売上高
売上原価
売上総利益
販売費及び一般管理費
営業利益
営業外収益
営業外費用
経常利益
特別利益
特別損失
税引前利益
法人税等
当期利益

キャッシュフロー計算書（CF）

税引前利益
売上債権の増減額
仕入債務の増減額
営業キャッシュフロー
有形固定資産の取得
有形固定資産の売却
投資キャッシュフロー
短期借入金の増減額
長期借入金の増減額
財務キャッシュフロー
キャッシュの増減額
キャッシュの期首残高
キャッシュの期末残高

注：細かな科目名は省略してあります。ＣＦの「キャッシュ」は正しくは「現金及び現金同等物」ですが、ここでは「キャッシュ」と呼ぶことにします

必ず見ておきたいのはこの科目

じつは、BSやPLなどの決算書は、ここに示した科目だけでなく、これらの下に細かな科目がたくさん含まれています。これらのすべての科目が大事なので、どれが大事ではないということはいえません。

こう申し上げると「えっ、すべての科目を覚えなくちゃいけないの？」と反論されそうですね。欲をいえば、すべての科目と金額を覚えてほしいし、前期末からの変化、つまり増減額も記憶してほしいのです。決算書の科目と金額はあくまで会社の活動の「結果」なので、なぜそんなに増えたのか（減ったのか）という、**そこに至るまでの「原因」（増えたり減ったりした理由）が重要なのです。**

たとえば「BSの現金及び預金が約5000万円減った理由は、設備投資に3000万円使ったのと、借入金を2000万円返済したため」という具合です。このような理由がわかれば、「なるほど！」と納得するか、「設備にお金をかけすぎたなあ…」と反省するかの対応がはっきりします。

「科目と金額が大事なのはよくわかったけど、どうしても全部覚えるのは無理だ」という人のために、ファーストステップとして「この科目だけは外せない」という科目をお教えしましょう。決算書と仲良くなるためには仕方ないですね。許すことにしましょう。

BS…①現金及び預金
②たな卸《おろし》資産（商品及び製品、原材料及び貯蔵品、仕掛品《しかかりひん》など）
③借入金（短期借入金、長期借入金）
④純資産合計
PL…⑤売上高
⑥売上総利益（粗利《あらり》）
⑦営業利益
CF…⑧営業キャッシュフロー
⑨キャッシュの期末残高

BSのたな卸資産（在庫とも呼びます）は、前期末と比べて減りすぎても増えすぎても問題なので、売上の成長スピードを見ながら対処すべきです。
同じくBSの借入金は、なるべくゼロにする、つまり「無借金経営」が理想です。しかし、正常な運転資金や、成長のテコにするための設備投資資金の借入れで、計画的に返済できる範囲内ならまったく問題ないです。借りすぎに注意したいので、大事な科目といったのです。短期借入金と長期借入金は、返済期限が1年以内か1年以上かで区別されます。

BSとPLの他の科目については、前期末よりも確実に増えるのが好ましく、プラスの数値が原則です。金額が減ったらその理由を確認し、二度と減らないようにしないと「危険」というサインです。

CFでは「営業キャッシュフロー」がプラスかどうか、そしていちばん下の「キャッシュの期末残高」が期首残高に比べて増えているかどうかに注目してください。

キャッシュというのは「現金及び現金同等物」のことで、現金、普通預金、当座預金、3カ月以内の定期預金などの換金しやすい資金です。また、期首とか期末というのは、たとえば4月1日から3月31日までの1年間の決算書なら、4月1日が期首、3月31日を期末といいます。

年に一度の本決算書だけでなく**毎月作る月次《げつじ》決算書でも、これらの金額の推移に要注目です**。最初は難しく感じるかもしれませんが、くり返し見ているうちに必ず慣れてきます。

3 BSとPLは、水道管とプールの関係に似ている

フローとストックはどう違う？

会社で人が動くと、必ずお金が動きます。売上を上げるために1年間にどんな活動をしてお金をいくら使ったのか、それぞれの取引が各科目に記録され、期末日までの1年間で決算書が作られます。

BS（貸借対照表）の科目は、1年間で毎日のように増減があったうえで、期末日の残高（ストックした金額）だけが表されます。PL（損益計算書）の科目は、1年間に毎日積み重なってきた合計額（フローの累積金額）が表されます。CF（キャッシュフロー計算書）の科目は、1年間に積み重なってきた現金の増減額と残高が表されます。

BSがストックでPLがフローだといわれても、よくわからないと思います。そこで、

図表2——水道管とプールの水量を測る

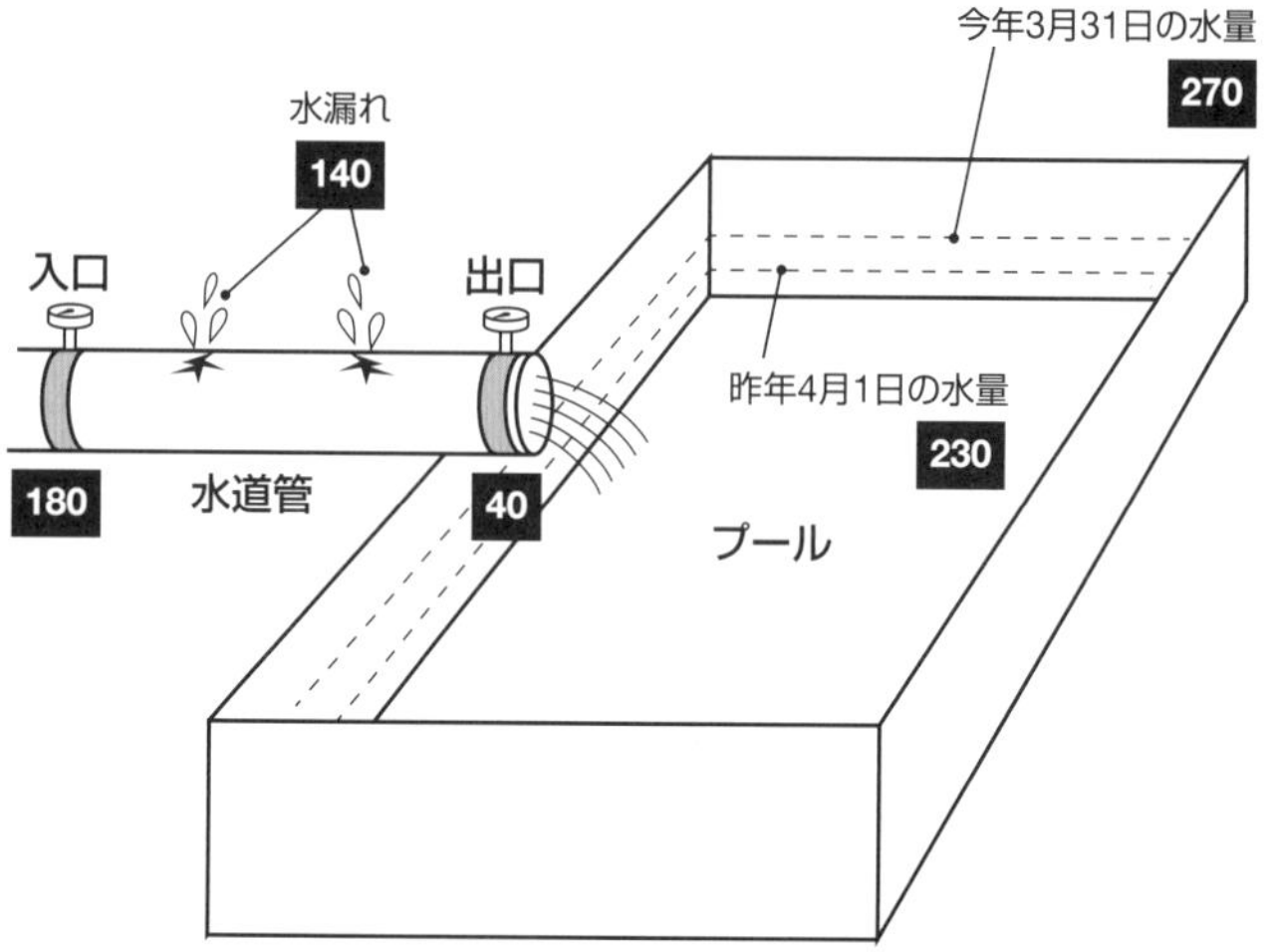

水道管とプールのたとえで説明します。

図表2のように、水道管から水を流してプールに1年かけて水を貯めるとします。昨年4月1日にプールにはある程度の水が入っていました。さて、1年後の今年3月31日になったら、こんなことを調べてみます。

- 1年間で水道管を流れた水の量（フロー）
- 1年後にプールに貯まった水の量（ストック）

水道管には入口と出口に水量計があり、施設の入口で測った流水量は180で、出口（プールの注ぎ口）で測った流水量は40でした。水道管にはひび割れがあり、

図表3——水道管はPL、プールはBSに似ている

①水道管を流れた水の量＝フロー

入口の流水量（収益）		水漏れ（費用）		出口の流水量（利益）
180	**−**	**140**	**＝**	**40**

⇩ **PL**

②プールに貯まった水の量＝ストック

4月1日の水量（期首の残高）		流入（利益）		3月31日の水量（期末の残高）
230	**＋**	**40**	**＝**	**270**

⇩ **BS**

途中で１４０水漏れしていたということになります。

一方、プールには４月１日にもともと水が２３０貯まっていました。そこに１年かけて水道管から40注がれて、３月31日にプールに貯まった水量は２７０となりました。

それでは、水道管とプールの関係をＰＬとＢＳに照らし合わせてみます。図表３をご覧ください。

水道管を流れた水の量は、フローの計算をしているのでＰＬに似ています。施設入口の流水量が「収益」に相当し、水漏れが「費用」、出口の流水量が「利益」です。

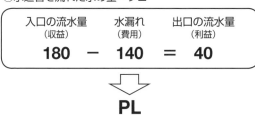

一方、**プールに貯まった水の量は、ストック（残高）を測っていますのでBSに似ています。**4月1日の水量が「期首の残高」、3月31日の水量が「期末の残高」となります。

イメージだけでもつかんでいただけたら幸いです。

決算書を特別なカメラで撮影すると…

続いてもう一つ、BS、PL、CFの違いを別のたとえで説明してみます。架空の話なので、これもイメージだけ頭に残してもらえればうれしいです。

いま仮に、「会社の活動のすべて」を特別なカメラで撮影できるとします。三つの決算書の違いは次のようになります。

- 期末日に**会社にあるすべての財産を撮った写真（静止画）がBS**です。
- 1年間の取引を**ふつうのレンズで撮り続けたビデオ（動画）がPL**です。
- 1年間の取引を**現金だけが写るレンズで撮り続けたビデオ（動画）がCF**です。

たとえ話として書いていますが、そのうち冗談ではなくそんなカメラが発明されたら、複式簿記はいらなくなるかもしれませんね。

4 PLからビジネスの「儲けの構造」をつかむ

何はさておき「儲けの構造」をチェックしよう！

商品を売って売上を上げ、利益が出て、現金が増え続けていけば、会社が倒産することはありません。つまり、**事業が続けられて成長できる可能性があるのは、次の二つの式が同時に成り立っている場合**ということになります。

① 売上高－売上原価－費用＝利益
② 現金収入－現金支出＝現金残高

この二つの式のうち、②は第2章で説明しますので、ここでは①の話をします。

この算式「売上高－売上原価－費用＝利益」は、一つの事業部で同じ種類の商品が一定期間に売れたときの算式として考えます。**これがその事業の基本的な「損益構造」を示しています。別の言い方をすると「儲けの構造」です。**

ここで売上高とは、商品を売って得られる対価のことです。売上原価は、その商品を作るのにかかった原材料などの原価です。そして費用とは、その商品を販売したり会社の業務を管理したりするのにかかる販売費及び一般管理費（販管費《はんかんひ》と略します）で、広告宣伝費、販売手数料、配送費、人件費、家賃、減価償却費《げんかしょうきゃくひ》などが含まれています。

売上高から売上原価と費用を引いた答えがプラスなら利益になりますが、マイナスなら損失です。損益構造がマイナスだといくら努力してもダメなので、できるだけ早くその商品（事業）から手を引くべきでしょう。

損益構造を品種ごとに抜きだすには？

一つの商品だけを売り上げているなら簡単ですが、ふつうはいくつかの品種をまとめたものがＰＬに反映されるので、損益構造を品種ごとに抜きだすのは大変かもしれません。

たとえば、あるメーカーが３種類の製品を製造販売していて、それぞれの製品に対応する工場と営業所が三つずつと、それらを統括する本社があったとします。

この会社のＰＬの各科目は、次のような構成になります。

①売上高…三つの営業所で売り上げた３品種の売上高の合計額。

②売上原価…三つの工場で製造した３品種の製造原価（原材料費、労務費、製造経費）の合計額のうち売り上げた分。

③販管費…本社のすべての部署と三つの営業所で販売・管理に使った経費の合計額。

この全体のＰＬを見ただけでは、３品種のどの製品が儲かっているのかがわかりません。そこで、**品種別に分けたＰＬを作る必要が出てきます**。そのためには「③販管費」の中味を三つの品種に分けなくてはいけません。

三つの営業所の経費は品種ごとに分かれているので「**直接費**」としてそのまま対応しますが、本社の経費は３品種のどれを作ったり販売するために使ったかを特定できない「**共通費**」と考えられるので、何らかの方法で品種別に割り振る必要があります。

この共通費を割り振るときによく使われるのが、売上高の比率による分け方です。

それぞれの売上高がＡ品種３億円、Ｂ品種１億円、Ｃ品種２億円で、本社の販管費が５０００万円だったとすると、売上高の比率で割り振り、「本社の販管費はＡに２５００万円、Ｂに８００万円、Ｃに１７００万円かかった」と決めてしまうのです。

少し難しい話になりましたが、直接費と共通費の考え方だけわかれば結構です。

「構成比」を計算すればひと目でわかる

事業の損益構造を理解するために、1年間（月次決算なら1カ月間）の各項目の実績値を出してから、**売上高を100としたときの構成比を計算してみましょう。**商品ごと、拠点ごとの損益構造をつかめるので、今後どのような売り方で利益を出していくかを考えるスタート台になります。図表4に二つの例を示します。

①の例では、売上高の少ないC商品の損益構造がいちばんすぐれています。売上高を100とした場合の構成比を見ると、営業利益はA商品が6、B商品が13なのに対して、C商品は20です。つまり、C商品がもっとも効率よく利益を生みだしています。構造が劣っているA商品の販売にかける労力を減らし、C商品の販売を増やすべきでしょう。

②の例では、X店よりも売上高の少ないY店のほうが販売効率が高く、損益構造がすぐれています。構成比はかなり似ていますが、販管費のなかの直接費を見るとY店のほうが低く抑えられています。その違いが利益を生む構造をよくしているのです。今後、新店をオープンするなら、Y店の損益構造を目標にして予算を立てることです。

図表4——事業の損益構造をチェックする

①種類の違う三つの商品がある場合

（万円）

ＰＬ		全社	構成比(%)	A商品	構成比(%)	B商品	構成比(%)	C商品	構成比(%)
売上高		15,000	100	8,000	100	4,500	100	2,500	100
売上原価		8,600	57	5,100	64	2,400	53	1,100	44
売上総利益		6,400	43	2,900	36	2,100	47	1,400	56
販管費	直接費	1,800	12	800	10	600	13	400	16
	共通費	3,000	20	1,600	20	900	20	500	20
営業利益		1,600	11	500	6	600	13	500	20

注：商品ごとに直接費を計算し、共通費を売上高の比率で各商品に割り振りました

②本部、X店、Y店の三つの拠点がある場合

（万円）

ＰＬ		全社	構成比(%)	本部	構成比(%)	X店	構成比(%)	Y店	構成比(%)
売上高		22,000	100	0	—	12,000	100	10,000	100
売上原価		13,000	59	0	—	7,100	59	5,900	59
売上総利益		9,000	41	0	—	4,900	41	4,100	41
販管費	直接費	6,100	28	3,000	—	1,850	15	1,250	12
	共通費	0	0	-3,000	—	1,636	14	1,364	14
営業利益		2,900	13	0	—	1,414	12	1,486	15

注：本部の直接費を売上高の比率でX店とY店に割り振りました

⇩

構成比を計算すれば「損益構造」が一目瞭然！

5 PLの「五つの利益」はこうしてチェックする

それぞれの利益にはどんな意味がある？

一般的なPL（損益計算書）には利益が五つ記されています。上から順番に売上総利益、営業利益、経常《けいじょう》利益、税引前《ぜいびきまえ》利益、当期利益の五つです。それぞれの利益には意味があり、それらの違いがわかるとPLの理解がグッと進み、各利益を増やすためにどんな手を打てばよいのかもわかるようになります。

まずは、一つひとつの利益を見ていきましょう。

①売上総利益（粗利）

売上高から売上原価を引いた利益のことで、一般的には「粗利《あらり》」と呼ばれます。売上原価は、自社で作った製品なら製造原価を意味し、仕入れた商品なら仕入原価を意味します。

図表5——PLには五つの利益がある

（千円）

科目	金額	構成比	
売上高	560,000	100.0%	
売上原価	224,000	40.0%	
売上総利益	**336,000**	**60.0%**	①
販売費及び一般管理費	280,000	50.0%	
営業利益	**56,000**	**10.0%**	②
営業外収益	1,200	0.2%	
営業外費用	4,300	0.8%	
経常利益	**52,900**	**9.4%**	③
特別利益	800	0.1%	
特別損失	1,200	0.2%	
税引前利益	**52,500**	**9.4%**	④
法人税等	21,000	3.8%	
当期利益	**31,500**	**5.6%**	⑤

たとえば、100円で仕入れた商品を130円で売ったとすれば、売上原価は100円で粗利は30円になります。この粗利をどれくらい上げられるかによって、事業の「損益構造」は大きく変わります。粗利が減れば②～⑤のすべての利益に非常に大きな影響を及ぼすので、つねにチェックすることです。粗利がマイナスだと事業は赤字になるので、商品を売るのをやめるべきということになります。

②営業利益

売上を上げるにはさまざまな費

用、たとえば人件費、家賃、水道光熱費、広告宣伝費などを支払わなくてはなりません。それらの販管費を売上総利益から差し引いたもので、**本業で稼いだ利益**のことです。

③経常利益

営業利益に営業外の収益（配当金や受取利息など）を加え、営業外の費用（支払利息など）を引いた利益のことです。銀行預金していれば利息を、株式を持っていれば配当金を受け取るので、それらを営業利益に加えます。銀行からお金を借りていれば利息を支払う必要があるので、それを営業利益から引きます。

このように経常利益は、営業利益から金融関連の収入と支出を差し引いたもので、会社の通常の事業活動から得られる利益をいいます。経常利益の「経常」を訓読みして「ケイツネ」と略すことがあり、**経営の良し悪しを判断する指標**として使われます。

④税引前利益

経常利益に臨時に発生した特別利益を加え、特別損失を差し引いた利益のことです。経常利益が赤字のとき、遊休資産（土地や建物など）を売って利益を出すことがよくあります。これが固定資産売却益で、売った金額から帳簿上の金額（買ったときの金額）を引いて利益が出たら、それを特別利益に表します。また、リストラなどで事業を整理したときの損失は特別損失に表します。

⑤当期利益

税引前利益から法人税などの税金を差し引いたあとの利益のことで、売上高からすべての費用と税金を引いて残った利益なので最終利益ともいわれます。当期利益がプラスなら、株主に配当金を支払うことができます。

基本的にはすべての利益がプラスになるのが重要ですが、**借入金が多くて利息を支払っているときは「経常利益」に注目し、そうでないときは「営業利益」を重視しましょう。**

三つの利益率をうまく上げるには？

利益の金額そのものも大切ですが、売上高を100としたときの「構成比」も大事な指標です。また、数年分（月次決算では数カ月分）のPLを比べるときは、その構成比の

「変化率」も重要です。

「構成比」というのはすでに説明した損益構造と同じ意味で、この構成比がわかると売上高に対する各利益の割合がわかります（各利益を売上高で割って算出します）。なかでも**売上高総利益率（粗利率）、売上高営業利益率、売上高経常利益率の三つはとても大切**で、それぞれを何％にするかを経営目標にしている会社は多いです。たとえば「来年度の売上高経常利益率の目標を6・5％にする」という具合です。

では、これら三つの利益率を上げるには何が必要でしょうか？

まず、粗利率を高めるためには、材料費を引き下げたり商品の仕入価格を抑えたりして売上原価を低くすることです。あるいは、粗利率の高い商品を扱う、セールスミックス（粗利率の異なる商品の組み合わせ）で粗利の高い商品を多く売るように努力すべきです。

次に、粗利率が高くても販管費が多いと売上高営業利益率は高くならないので、できるだけコストを抑えた販売体制や人員体制をとることです。営業利益がプラスにならなければ、明らかにその事業は失敗です。

さらに、売上高営業利益率が高くても、借入金に頼る体質だと利息の支払いが増えて、売上高経常利益率は高くなりません。事業が成長するまではある程度の借入金もやむをえませんが、なるべく早く借金体質から抜けだすように努力することです。

なお、「変化率」というのは、いま説明した利益率が毎月どのくらい変化したかを見るもので、なぜ変化したのかを調べることが大事です。

たとえば、粗利率が3月末に50・2%だったのに4月末は49・9%になったとすると、変化率はマイナス0・3ポイントということです。この差は大きいです。0・3ポイント減ったのはなぜなのか、その原因をきっちりと調べます。

その結果、たとえば「3月末よりも粗利率が低い商品が○○個多く売れ、粗利率の高い商品が○○個少なく売れた結果、全体の粗利率が0・3ポイント減った」と分析できれば、どのように手を打てばよいかがわかります。

このように**PLを見るときは、利益の金額そのものだけでなく、構成比や利益率、変化率をチェックすることが大切**なのです。

6 同じ価格でも、粗利率が違うと利益はこんなに違う

同じ価格の商品なのに粗利が2倍も違う?

2種類の商品を同じ価格で仕入れてきて、同じ価格で売るとすれば、粗利率は同じです。立地などの影響を除けば、商品ごとに売り方を変える必要はないでしょう。

ところが、それぞれ仕入価格は違うけれど、販売価格は同じというケースがあります。粗利率が異なるということになりますが、この場合は売り方を変えなければなりません。同じ個数を売るなら、粗利率の高い商品を売ったほうが利益を増やせるからです。

いま、ある駅前にX店とY店があり、それぞれ仕入価格の異なるAとBの商品をまったく同じ価格で売っているとします。

X店もY店も、A商品とB商品を合計120個売りました。ところが、X店の粗利は4

図表6――同じ価格の商品を販売しても利益が違う？

①X店の粗利

（円）

項目	A商品	B商品	合計
販売単価	2,000	2,000	
販売数量	100個	20個	120
売上高	200,000	40,000	240,000
仕入単価	1,720	1,100	2,820
仕入高	172,000	22,000	194,000
粗利	28,000	18,000	**46,000**
粗利率	**14%**	**45%**	

②Y店の粗利

（円）

項目	A商品	B商品	合計
販売単価	2,000	2,000	
販売数量	20個	100個	120
売上高	40,000	200,000	240,000
仕入単価	1,720	1,100	2,820
仕入高	34,400	110,000	144,400
粗利	5,600	90,000	**95,600**
粗利率	**14%**	**45%**	

粗利率の高い商品を多く売ったほうが利益は増える

万6000円、Y店のそれは9万5600円と2倍以上も差がつきました。いったいどうしてでしょうか？

その理由は、A商品とB商品の粗利率が違うからです。

X店は粗利率14％のA商品を100個、45％のB商品を20個売ったのに対して、Y店は粗利率14％のA商品を20個、45％のB商品を100個売りました。

X店はA商品とB商品を同じように陳列していたのですが、Y店ではB商品のデザインのよさ、価格の手頃さをアピールするPOPをつけ、商品説明を詳しくする接客を心がけました。その成果が表れたのです。

商品ごとの粗利を知り、どの商品を売ればいくらの利益が出るのかを理解したうえで、販売方法や接客トークを工夫することこそ商売の基本です。

これは飲食店でも同じです。同じ価格のセットメニューがいくつかあったとしても、食材ごとに原価率は異なるはずです。原価率の低い、つまり粗利率の高いメニューがたくさん注文されるように工夫すべきでしょう。メニューリストの作り方や入口の看板、接客方法、ホームページの画像やキャッチコピーなど、工夫の余地は山ほどあります。

直営店と卸売りの粗利率の違いは？

もう一つ例を挙げましょう。

あるブランドの婦人服を作っている会社があります。この会社では、自社の直営店で自社の社員が販売する場合と、百貨店に卸売りする場合があります。

どちらの店でもお客様への販売価格はまったく同じですが、損益構造はそれぞれ異なります。事業部が二つあると考えたほうがわかりやすいので、次ページの図表7のように直営店部と卸売部に分けて考えてみましょう。

二つの事業部の1カ月の売上高は、直営店部が5000万円、卸売部が1億円です。

直営店部は粗利率が60％と高いですが、社員を雇い、家賃を払い、内装も自前なので販管費率が50％と高く、営業利益率は10％にとどまっています。

一方、卸売部では百貨店に卸売価格（小売価格の70％）で売り、販管費率はほぼ本部経費負担分だけなので30％となり、営業利益率は13％となっています。

売上高全体で見ると、規模の大きな卸売部の営業利益、営業利益率が直営店部よりも勝っています。

今度は、同じ例で一つの商品を追ってみましょう。見え方が変わってきます。

図表7——直営店部と卸売部の損益構造の違い

①直営店部の損益構造　（千円）

PL	全体		一つの商品	
	金額	構成比	金額	構成比
売上高	50,000	100%	100	100%
売上原価	20,000	40%	40	40%
粗利	30,000	60%	60	60%
販管費	25,000	50%	50	50%
営業利益	5,000	10%	10	10%

②卸売部の損益構造　（千円）

PL	全体		一つの商品	
	金額	構成比	金額	構成比
売上高	100,000	100%	70	100%
売上原価	57,000	57%	40	57%
粗利	43,000	43%	30	43%
販管費	30,000	30%	21	30%
営業利益	13,000	13%	9	13%

⇩

損益構造を見るときは粗利率がとても大事

直営店部では、お客様に10万円で売っている商品の原価は4万円なので粗利は6万円（粗利率は60％）、販管費は5万円なので営業利益は1万円となります。

一方、卸売部では原価4万円の商品を7万円で百貨店に卸すので、粗利は直営店の半分の3万円で粗利率は43％となります。そして販管費は2万1000円なので、営業利益は9000円となり、直営店の1万円に負けてしまいます。

つまり、**損益構造を見るときは、金額だけでなく粗利率がとても大事なのです。**

このように、同じ商品を売るのでも粗利や粗利率が異なり、損益構造がまったく異なるケースがあることをご理解ください。

あなたは日ごろから自社商品の粗利率を高める工夫をしていますか？

粗利率は前年比で1ポイント減っただけでも、営業利益以下の四つの利益に大きな影響を及ぼします。粗利率はそれくらい大切な比率なので、少しでも高める工夫が必要です。

売値を再考する、商品構成を見直す、原価構成を見直す、仕入先と値下げ交渉をする、仕入ルートを変える、ＳＰＡ（製造小売業）を目指す…など多くの方法があります。あらゆる部門の多くの社員を巻き込んで話し合い、真剣に考え、行動しましょう。

7 初めてでもよくわかるBS(貸借対照表)の理解法

BSは「会社の財政状態」を表す

「損益計算書が会社の成績表として大事なことは、実感としてよくわかっている。でも、貸借対照表も大事だといわれても、何がどう大事なのか理解できない」

これは、多くの経営者やビジネスパーソンの本音です。

1年間の「収益」と「費用」がどのくらいあって、それらを差し引いた「損」か「益」がどのくらいかを表しているのがPL（損益計算書）です。

それに対して、期末日の「資産」と「負債」と「資本」の状態、つまり**会社の財政状態を表しているのがBS（貸借対照表）です。**

BSの左側（借方《かりかた》という）には「資産」の科目が、右側（貸方《かしかた》）には「負債」と「資本」の科目が書かれています。

図表8——BSの科目分類と科目名

大科目	中科目	小科目	大科目	中科目	小科目
資産	流動資産	現金及び預金	負債	流動負債	支払手形
		売掛金			買掛金
		有価証券			短期借入金
		商品及び製品			未払金
		仕掛品			未払費用
		原材料及び貯蔵品			未払法人税等
		未収入金			前受金
		短期貸付金			預り金
		その他			賞与引当金
		貸倒引当金		固定負債	社債
	固定資産				長期借入金
	有形固定資産	建物			退職給付引当金
		構築物			資産除去債務
		機械及び装置			その他
		車両運搬具	純資産	株主資本	
		工具・器具・備品		資本金	
		土地		資本剰余金	資本準備金
	無形固定資産	ソフトウエア			その他資本剰余金
		その他		利益剰余金	利益準備金
	投資その他の資産	投資有価証券			その他利益剰余金
		関係会社株式		自己株式	
		出資金			
		長期貸付金			
		長期前払費用			
		その他			
		貸倒引当金			
資産合計			負債・純資産合計		

「資本」は「純資産」とも呼ばれます。「純資産」とは「純額」としての資産、つまり資産と負債の「差額」という意味があります。

会社を立ち上げたときから利益が出続けていれば資産のほうが負債より多くなるので、差し引きして資産が残るという意味で純資産と表現されます。逆に、赤字続きで負債が資産を超えても純負債とは呼ばず、「債務超過《さいむちょうか》」と表現するのでちょっと厄介ですね。

でも、面倒くさいのはここからです。いま申し上げた「資産」「負債」「資本（純資産）」は大科目なので、この下にいくつもの中科目や小科目が控えています。前ページの図表8に、一般的なＢＳの科目名を示しておきました。

これらの小科目をすぐに覚える必要はありません。くり返し見ていれば少しずつ頭に入ってきますし、自社にとっての重要な科目が何かわかれば、それをきっかけにしてすべての科目を覚えられるでしょう。

BSにはほかにも二つの意味がある

ＢＳの三つの大科目は、会社の1年間の取引を複式簿記で記録した結果が表されたものですが、それとは別の見方で「ＢＳには二つの意味がある」ことをお伝えします。

図表9――ＢＳを理解するための二つの見方

①お金の「元手」と「使い道」を表している

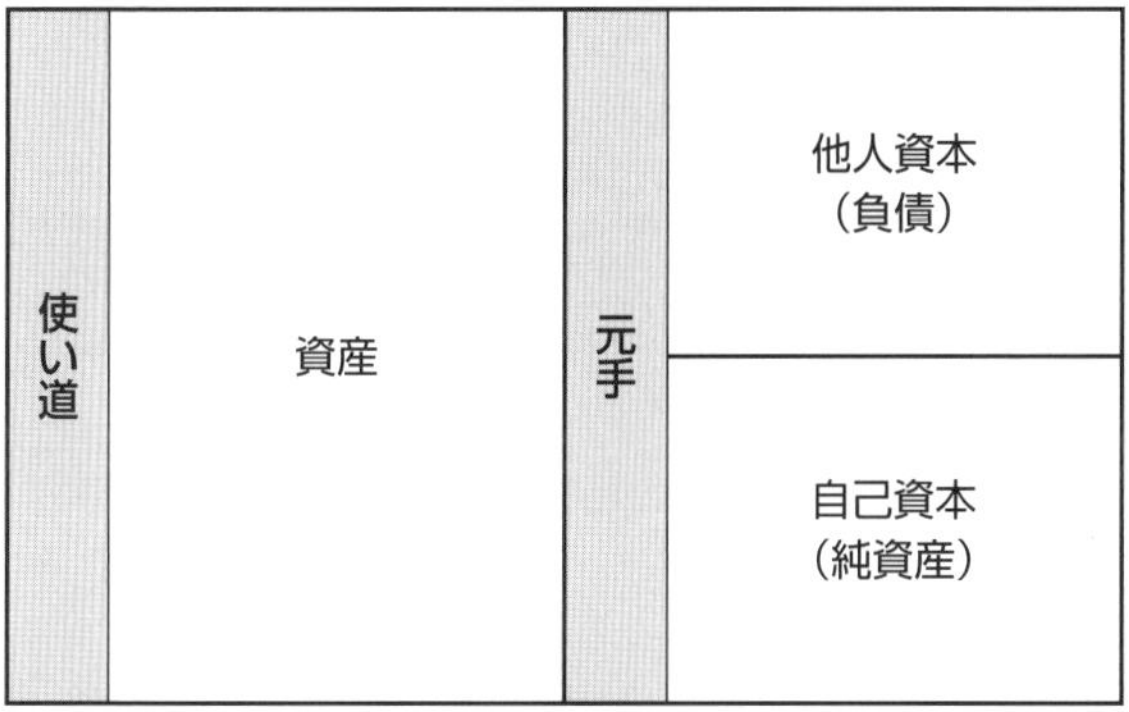

右側はお金の元手（他人から借りてきたのか、自分で何とかしたのか）を、左側はお金の使い道を表しています

②「プラスの財産」と「マイナスの財産」を表している

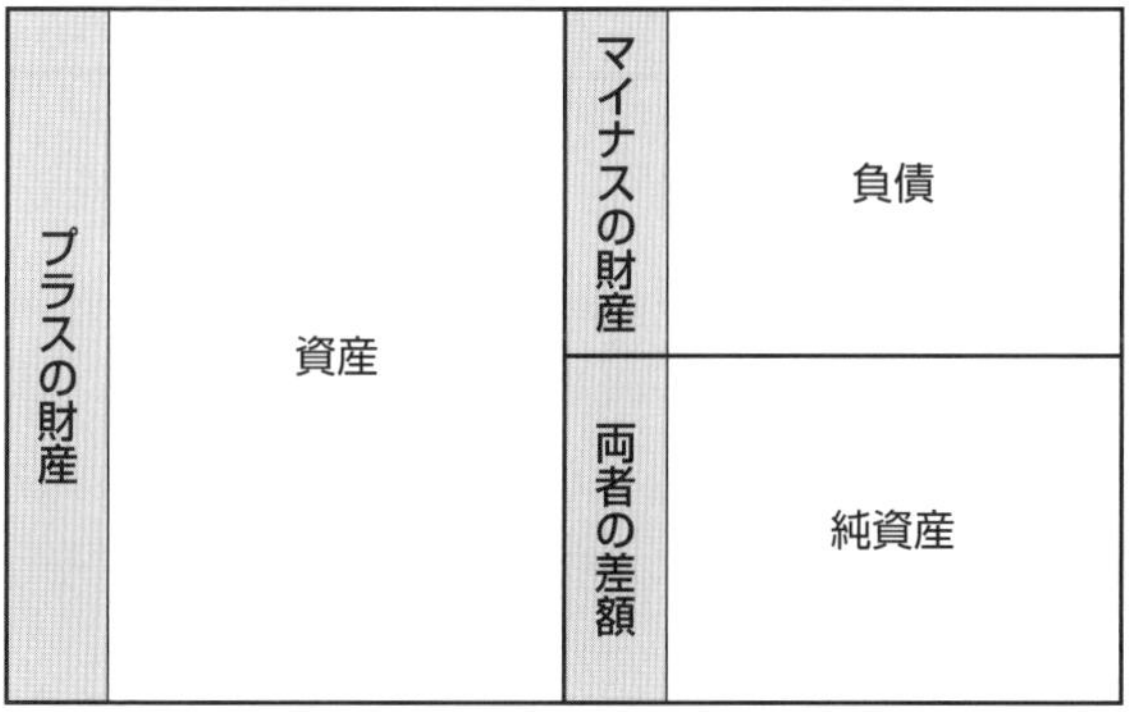

左側にはプラスの財産（資産）が表され、右側にはマイナスの財産（負債）と両者の差額（純資産）が表されています

一つめの見方は、**お金をどこから融通してきたのか（元手）と、それをどのように使ったのか（使い道）を表したのがBS**です。

ＢＳの右側には「元手」が示されます。他人からお金を借りてきたという意味の「他人資本」、そして創業者や株主、つまり自分たちが出資したものという意味の「自己資本」、それに利益を蓄えてきたものが加わって「元手」になります。他人資本は借入金のように相手に返さなくてはならないお金ですが、自己資本は返さなくてよいお金です。

一方、ＢＳの左側には「使い道」が示されます。つまり、集めてきたお金を何かに使うと、それが「資産」となって左側に表されるのです。たとえば、製品を作る機械を買うと、それが有形固定資産の「機械及び装置」に示されます。

資産には大きく分けて「流動資産」と「固定資産」があります。流動資産というのは１年以内に現金化される資産のことで、現金及び預金、売掛金《うりかけきん》、有価証券、たな卸《おろし》資産などです。固定資産というのは長期にわたって使われる資産のことで、建物、機械及び装置、土地、ソフトウエア、投資有価証券などです。

二つめの見方は、**ＢＳは期末日の「プラスの財産」と「マイナスの財産」を表す**というものです。プラスとマイナスがあるということは、**それらを差し引いた「純資産」も示す**ことになります。左側にはプラスの財産（資産）が、右側にはマイナスの財産（負債）と差額（純資産）が示されます。

負債には、資産の場合と同じように、大きく分けて「流動負債」と「固定負債」があります。流動負債は1年以内に支払わなければならない負債のことで、支払手形、買掛金《かいかけきん》、短期借入金、未払金などです。固定負債は1年以上たってから返済期限がくる負債のことで、社債、長期借入金、退職給付引当金などです。

純資産は、先ほど説明した「自己資本」と同じ意味です。株主から出資された資本金と資本剰余金、毎年生みだされた利益が貯まった利益剰余金などがここに記されています。

このように二つの意味を持つBSの科目をあらためて見つめ直すと、親近感がわいてきませんか。何度も見直しているうちに、重要な科目のほうから近寄ってくる気がするものです。植物を育てたり、ペットとつきあうのと同じだと思います。

8 BSではこの科目を真っ先にチェックしよう

いちばん重要なのは「現金」と「在庫」

ＢＳ（貸借対照表）は会社の財政状態を表している決算書なので、それぞれの科目をチェックすると、財務的に安全かどうか、つまり倒産の心配がないかどうかがわかります。

また、重要な科目については、その評価額が妥当かどうか、つまり時価（市場で取引されている価格）と簿価《ぼか》（帳簿に記されている価格）の差額がないかどうかを調べるきっかけになります。含み損があるかどうか、外貨建て資産の評価が正しいかどうか、簿価以上で売れる在庫かどうか、などリスクのありかをチェックするための資料になるのです。

ＢＳのなかで何といっても重要なのは「現金及び預金」と「在庫」なので、この二つの残高をつねにチェックすることです。現金及び預金とは、現金、普通預金、当座預金、定期預金などの合計です。在庫は、商品及び製品、仕掛品《しかかりひん》、原材料及び貯蔵品などの別々の小科目に分かれていて、まとめて「たな卸《おろし》資産」と呼ばれることもあります。

二つの科目の毎月末の数値を「大ざっぱに何万円程度」と覚えておけば、少しずつ減ってきているとか、売上高との関連比率、たとえば在庫が売上高の何カ月分あるかなどの指標（70ページの在庫回転期間）も頭に刻まれるはずです。

しっかりチェックしておけば、「現金預金がこれ以上少なくなったら支払いができずに危険だ」とか「在庫がこれ以上増えたら、売れずに不良在庫になる危険がある」などの限度がわかってくるでしょうし、どのような手を打つかという判断も早くなると思います。

一般的に、**現金預金は多ければよく、在庫は少ないほど販売効率がよい**といえます。

年に一度は在庫の大掃除を

在庫は年に一〜二度、実地《じっち》たな卸を行います。実地たな卸とは、倉庫などの現場に行って在庫をチェックすることで、帳簿に記された在庫数と実際の在庫数に違いがないかを調べます。そのときに「この商品はこの売価で売れる」とか「これは陳腐化したので売価の半分くらいでしか売れない」などと評価します。在庫の大掃除だと考えてください。

在庫は必要なときにだけあって、不必要なときはゼロになるのが理想です。原材料なら、製品を作るときに瞬間的に入荷してきて、完成した時点でゼロになる。製品なら、完成したらすぐに出荷してすべて売上になる。毎日の入出荷はひんぱんにあるけれど、月末にはすべての在庫がゼロという状況が望ましいはずです。いわゆる「無在庫物流」といわれる状態です。

在庫はお金と同じか、お金が一時的に化けたものですが、長く在庫のまま滞るとお金の価値が少しずつなくなって含み損（売却・処分したら損が出ると思われる金額）を抱えることになります。ですから、それぞれの在庫の適正額を決めておき、その金額以上にならないように管理することです。

総資産がいたずらに膨らんでいないか？

一歩引いてBSの全体を見てみると、左側の総資産（資産合計）は「投資資金の総額」と「リスクの大きさ」を表しているととらえることもできます。

「投資資金の総額」というのは、文字どおり会社の総投資額の意味で、この**総資産でPLの当期利益を割ると投資対効果をチェックすることができます。**つまり、会社がすべての資産を利用して、どれだけの利益を上げているかがわかるのです。この指標は**ROA（総資産利益率）**と呼ばれ、これを経営指標にしている会社も多いです。

ためしに、上場会社の２０１４年度決算で総資産がもっとも大きかった3社のＲＯＡを見てみましょう。トヨタ自動車の総資産47・７兆円で当期利益２・１兆円を割ると、ＲＯＡは４・４％となります。同じくソフトバンクは３・６％、ＮＴＴは２・５％です。総投資額ばかり膨らんで生みだす利益が小さいとＲＯＡも小さくなり、投資効率が悪いと判断されます。

次に「リスクの大きさ」というのは、**総資産の規模が大きいほど大きなリスクが潜んでいる可能性がある**という意味です。

たとえば、もし総資産の１％が価値のない不良資産だったとしたら、前述の3社はそれぞれ４７００億円、２１００億円、２０００億円の損失を含んでいることになります。わずか１％といっても相当な額の損失になりますから、いたずらに総資産を膨らませるのは好ましくないわけです。最近よくいわれる「資産を持たない経営」というのは、こうした点を重視したものといえるでしょう。

9 BS、PL、CFのつながりを理解しよう

PLの利益はBSの純資産に貯められる

BS（貸借対照表）、PL（損益計算書）、CF（キャッシュフロー計算書）は、それぞれが独立しているわけではなく、密接につながっています。三つの決算書のつながりがわかると、決算書の仕組みがグッと理解できますし、会社の状態が変化したときに会計数字の異常をいち早くキャッチできるようになります。

そもそもBSとPLは、複式簿記の結果を二つに分けただけですから、つながっているのは当たり前です。CFも1年間の入出金、すなわちBSの資産・負債・資本、PLの収益・費用の増減を受けてから期末の現金預金残高になることを示しているので、やはりBSとPLとつながっています。

図表10——BSとPLのつながり

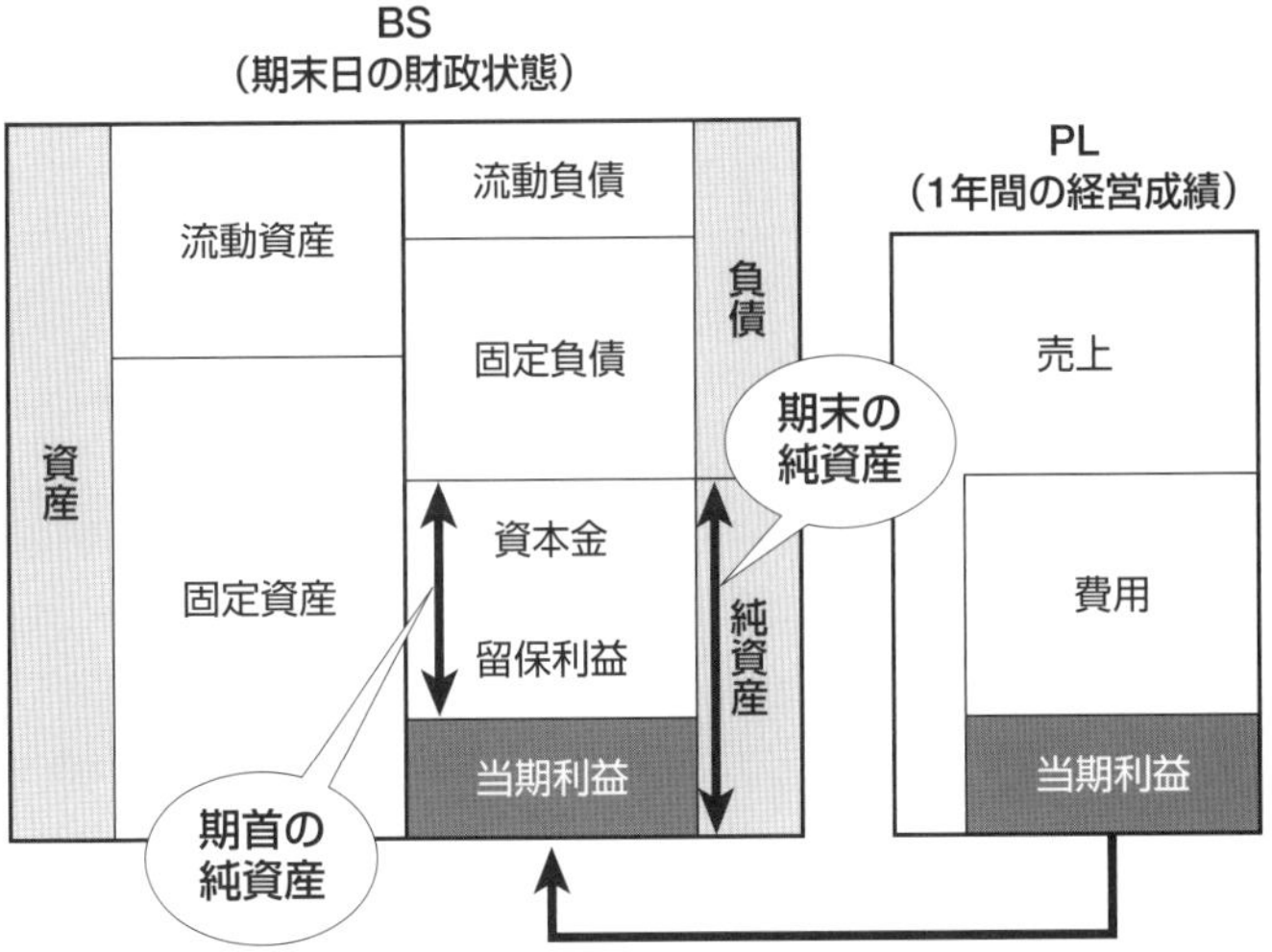

上の図表をご覧いただきながら、次の説明を読んでください。

まずは簡単なものから。図表10のBSの右下にある純資産を見てください。

資本金と留保利益までのところが「期首の純資産」ですが、1年経ってPLから当期利益が加わり、「期末の純資産」になった様子を表しています。このように**会社が1年間に生みだした利益は、利益剰余金となってBSの純資産に貯められる**のです。

なお、留保利益というのは、過去からの利益が累積されて内部に蓄えられたという意味で使われていて、利益剰余金と同じような意味です。

●三つの決算書はここでつながっている

続いては図表11をもとに、ＢＳ、ＰＬ、ＣＦのつながりを説明します。

会社を立ち上げたときはお金が必要になりますから、①資本金を調達し、それ以降は銀行などから借り入れるか（負債）、生みだした利益から資金を出して、②投資・運用することになります。投資するというのは主にＢＳの資産にお金を使うということで、工場を建てたり新しい機械を買ったりといった設備投資などを意味します。運用とは、事業にお金を使うという意味です。

その投資・運用を経てＰＬ上で③売上を上げ、④利益を出し、その利益は１年かけてＢＳの純資産に利益剰余金というかたちで貯められます。一方、売上を上げたのちに回収されたＣＦの現金収入は、現金支出を差し引いて収支差額として残り、期首の現金預金に足され、⑤当期末の現金預金残高となります。このＣＦの現金預金残高は、ＢＳの現金預金に一致します。

これで三つの決算書のつながりをおわかりいただけたと思います。

図表11——三つの決算書はここでつながっている

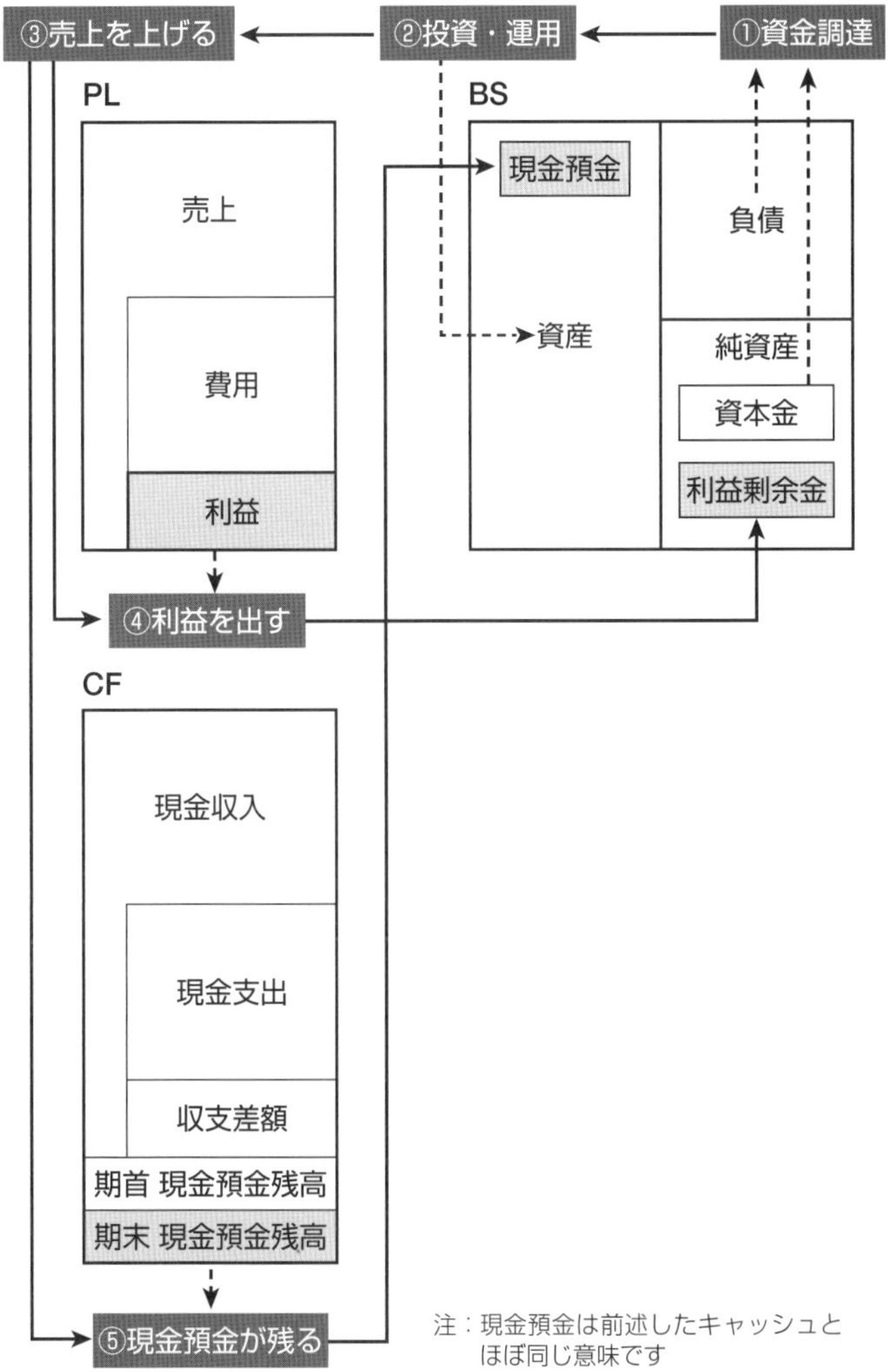

注：現金預金は前述したキャッシュと
ほぼ同じ意味です

10 会社の健康状態をどのようにチェックするか？

五つの方法で診断するのがおすすめ

うちの会社の経営はこのままで大丈夫なのか、どこかに弱点があるなら、どんな手を打てばいいのか…。経営者ならずとも、誠実なビジネスパーソンなら日ごろから頭を悩ませているのではないでしょうか。

そうした悩みを解消するためにも、会社の健康診断をすることです。

そのための方法としては経営分析指標が使われることが多いのですが、実際にはそれだけでは判断は難しいと考えたほうがよいです。**会社の健康状態を知るには、いろいろな観点からの分析が必要なのです。**

まずは、次の五つの観点から取り組むことをおすすめします。

①三つの決算書の推移をチェックする

次ページの図表12に示したように、BS、PL、CFを3年分並べてみます。たとえば2014年3月期から2016年3月期の決算書を用意して、左端の1列目には14年3月期のBS、PL、CFの各科目の金額を記します。2列目には15年3月期、3列目には16年3月期の金額を同じように並べます。

それぞれの科目の横に金額が三つずつ並びますから、じっと見つめると毎年の増減がよくわかるはずです。なぜ、そんなに増減したのか、何が原因で売上が増えて原価がアップしたのか、販管費がこんなに増えたのはなぜか、といろんな疑問が出てくると思います。

また、それぞれの金額の右側に構成比、増減額、増減比を記しておくと、生の金額だけを見ていたときよりも興味深い結果が得られることがよくあります。

構成比は、BSなら総資産を100としたとき、PLなら売上高を100としたときの各科目の比率を記します。増減額は当期の金額から前期の金額を引いたものです。増減比は増減額を前期の金額で割って算出します。これら三つの変化に注目することです。

3年間の大きな流れを見るには、BSの資産合計の増減、PLの売上高と営業利益の増減、CFの現金預金残高の増減に注目しましょう。資産合計が3年で大きく増えたのに、

図表12――三つの決算書の推移をチェックする(2014年3月期〜16年3月期)

(千円)

BS	14/3月期	15/3月期	構成比	16/3月期	構成比	増減額	増減比
現金預金	44,610	47,938	15%	59,088	17%	11,150	23%
流動資産 計	180,600	185,600	58%	204,300	60%	18,700	10%
建物	18,500	17,050	5%	15,550	5%	-1,500	-9%
固定資産 計	135,600	133,800	42%	135,300	40%	1,500	1%
資産合計	316,200	319,400	100%	339,600	100%	20,200	6%
支払手形	38,000	39,100	12%	41,090	12%	1,990	5%
流動負債 計	118,600	119,650	37%	121,630	36%	1,980	2%
長期借入金	46,500	46,200	14%	43,500	13%	-2,700	-6%
固定負債 計	87,560	76,350	24%	76,800	23%	450	1%
資本金	9,500	9,500	3%	9,500	3%	0	0%
純資産 計	110,040	123,400	39%	141,170	42%	17,770	14%
負債・純資産合計	316,200	319,400	100%	339,600	100%	20,200	6%

PL	14/3月期	15/3月期	構成比	16/3月期	構成比	増減額	増減比
売上高	420,000	465,100	100%	512,200	100%	47,100	10%
売上原価	294,000	334,800	72%	363,600	71%	28,800	9%
売上総利益	126,000	130,300	28%	148,600	29%	18,300	14%
販管費	100,750	112,830	24%	116,890	23%	4,060	4%
営業利益	25,250	17,470	4%	31,710	6%	14,240	82%
経常利益	24,000	16,200	3%	30,680	6%	14,480	89%
税引前利益	22,000	18,200	4%	29,000	6%	10,800	59%
法人税等	8,140	6,800	1%	10,730	2%	3,930	58%
当期利益	13,860	11,400	2%	18,270	4%	6,870	60%

CF	14/3月期	15/3月期		16/3月期		増減額	増減比
期首 現金預金残高	36,500	44,610		47,938		3,328	7%
税引前利益	22,000	18,200		29,000		10,800	59%
営業CF 計	7,230	2,918		12,700		9,782	335%
設備投資額	-6,620	-1,250		-1,800		-550	44%
投資CF 計	-9,320	-1,090		-1,550		-460	42%
長・短借入金増減	10,500	2,000		500		-1,500	-75%
財務CF 計	10,200	1,500		0		-1,500	-100%
現金預金の増減額	8,110	3,328		11,150		7,822	235%
期末 現金預金残高	44,610	47,938		59,088		11,150	23%

注：紙面スペースの関係で、①小科目を省略し、②14年3月期の構成比、15年3月期の増減額、増減比やCFの各項目も省略しました

売上高や利益がそれほど増えていないとしたら、借入金や工場設備、投資有価証券だけが増えて、売上や利益を増やすのに役立っていないのかもしれません。逆に、総資産がそれほど増えていないのに、売上高や利益が大きく増えているとしたら、効率的な経営ができている証拠だと思います。

②予算と実績を比べる

ＰＬについては、予算（目標）と実績を比べます。実績が予算を下回っているとすれば、なぜ差が出たのかをしっかり調べて記しておくことです。売上高、売上原価、販管費の差額はとくに重要です。たとえ売上高が予算を上回ったとしても、売上原価が大きく増えたため粗利（売上総利益）が減った、という場合は要注意です。

予算管理を始めたばかりで、予算の立て方が未熟だったために差額が出たということもあるので、慣れるまでは注意してください。

③拠点別、商品別などに分ける

同じくＰＬについては、拠点別（支社・支店・事業所別）、商品別、顧客別、事業部別に分けるといったように、いろんな角度から分析することです。こうした分析から、たとえば「20代女性向けのD商品は売上の伸び率が高いので、来期は商品ラインナップを増やして、インターネット経由で広告宣伝して拡販につなげよう」などという具体的な対策がとれるようになります。

この分析は、PLのすべての科目について、すべての観点から（商品別と事業部別が同じなら三つの観点から）同時に行わないと意味がありません。

巻末に「事業部別損益表」の作り方を示しましたので、参考にしてください。

④社員1人あたりの決算書を作る

決算書の数値を社員1人あたりの数値に置き換えます。つまり、身近な数値にして考えてみるということです。

身近な数値に置き換えてみると、その良し悪しが判断しやすくなります。BSとPLのすべての科目を社員数で割ると1人あたりのBSとPLができるので、その数値を評価してみましょう。とくに1人あたりPLについては、「自分はこんなに売上に貢献しているだろうか？」「こんなに少ない売上や利益でやっていけるのだろうか？」などといろいろな感想が出てくるでしょう。

⑤経営分析指標を使う

次の項目で説明する経営分析指標をもとに、業界の平均値やライバル会社の数値と比べます。そして、なぜこの数値は業界の平均値より高いのか、なぜライバル会社より低いのか、という原因を調べます。これは年一度の本決算書でも毎月の月次決算書でも行います。

これら五つのすべての観点からチェックした結果を見て、どう評価するでしょうか。「既存の3部門はこのままの体制を続け、新規のD部門は営業パーソンを10名ほど採用して伸ばしていけば、来期は成長性が20％以上上がり、財務の安定性も高まる」などと総合評価できればひと安心です。

もっとも、総合評価だけで終わるのではなく、その結果から現状をどのように変えていくかを検討することが重要だと思います。「安心」が「慢心」に通じることがままあるから、ビジネスは怖いのです。

11 経営分析指標で会社の状態をチェックする

押さえておきたい12の指標

前項の⑤で説明したように、会社の健康状態をチェックする方法の一つとして経営分析指標がよく使われます。ＢＳやＰＬなどから特定の科目を抜きだして、その割合や伸び率を計算することにより、会社の安全性、収益性、効率性、成長性を評価するという方法です。業界の平均値やライバル会社の数字と比べれば、自社の状況をつかむことができます。

押さえておきたい12の指標を挙げておきますので、活用してみてください。

①流動比率（％）

流動資産÷流動負債×１００

短期的な支払い能力を見るための指標です。１年以内に現金化するはずの流動資産を、

1年以内にすべて支払う流動負債で割るので、100％以下という結果が出たら完全に資金ショート（手元に現金がなく支払いができなくなること）していることを示しています。逆に200％以上あれば、安全性は高いということになります。この指標の目安は140％以上です。

②固定長期適合率（％）

固定資産÷（固定負債＋自己資本）×100

長期的な支払い能力を見るための指標です。長期にわたって使われる固定資産を、返済する必要のない自己資本でまかなえている会社は、安全性が高いといえます。少なくともこの算式のように、自己資本に1年以上たってから返済期限がくる固定負債（長期借入金や社債など）を加えた金額の範囲内でまかなえていることが望まれます。目安は100％以下です。

③売上債権回転期間（カ月）

（売掛金＋受取手形）÷1カ月平均売上高

売上債権（売掛金と受取手形）の回収効率を見る指標で、売上高の何カ月分の債権が残っているかを示します。売上債権はできるだけ早く回収されるのが望ましいので、債権ごとに「何カ月現金化されないで未回収のまま残っているか」という**年齢調べ**をして、長期滞留しないように管理することです。回収条件よりも遅くなったら販売をやめるような仕組みも求められます。この算式は毎月の月次決算で必ず確認すべきもので、目安は3カ月以内です。

④在庫回転期間（カ月）

たな卸資産÷1カ月平均売上高

在庫管理が適正かどうかを示す指標で、売上高の何カ月分のたな卸資産（在庫）が残っているのかを示します。メーカーでは、分母に売上高ではなく売上原価を使うケースもあります。在庫の残高が多いほどお金が寝ていることになり、非効率です。できれば無在庫物流を実現したいものです。目安は0・5〜1カ月以内です。

⑤総資本当期利益率(%)

当期利益÷総資本(総資産)×100

事業に投入した総資本(総資産)が利益を生みだすのに効率的に使われたかどうかを示す指標です。借入金などの負債も含めた全資産を投入して、税引後でどれだけ儲けたのかを示します。あまり低いと、事業をやめて高利回りの有価証券などに投資したほうがよいということになります(現実にはそううまくいきませんが)。総資産利益率、ROA(Return On Assets)とも呼ばれます。目安は1%以上です。

⑥売上高経常利益率(%)

経常利益÷売上高×100

事業の収益性を見る指標で、会社の通常の事業活動(金融収支も含む)から生みだした利益率です。原価率の見直しやコストダウン、売上高販管費率の改善、金融収支の改善などに取り組めば、この比率は向上するはずです。売上だけではなく、利益率も大事にしましょう。目安は3%以上です。

⑦純資産比率（％）

純資産÷総資本（総資産）×100

株主からの出資（資本金）や利益の蓄積（留保利益）を合わせた純資産が、総資産に対してどのくらいの割合かを示します。自己資本比率ともいいます。利息を支払う必要のある借入金や社債（いわゆる有利子負債）を多く抱えるのではなく、純資産（自己資本）が多いほど財務状態がよいといえます。支払利息は支払う必要がありますが、配当金の支払いは自由です。目安は30％以上です。

⑧総資本回転率（回）

売上高÷総資本（総資産）

総資本の効率性を見る指標です。少ない総資本（総資産）で、より多くの売上高を稼ぎだすほど効率的といえます。この比率が高く、回転率が高まるほど、総資本の効率がよいことになります。固定資産をたくさん持っているかどうか、あるいは業種によってもこの数値は大きく異なります。目安は1・2回転以上です。

⑨売上高伸び率（%）

（当期売上高－前期売上高）÷前期売上高×100

会社の成長性を見る指標で、この伸び率が高いほど成長性は高いといえます。成長し続ける会社を見抜くのは難しいですが、10%以上の売上高伸び率が3年以上続くと本物という感じがします。ですが、総資産も同じように増えていくのは危険な兆候です。総資産の伸び率を売上高の伸び率以下に抑えるのが大切です。目安は10%以上です。

⑩経常利益伸び率（%）

（当期経常利益－前期経常利益）÷前期経常利益×100

この経常利益伸び率は売上高伸び率とともに、事業の成長性と収益性を測る大きな判断材料となります。基本的な損益構造のなかで、どこまで売上高経常利益率を伸ばせるかが勝負です。目安は10%以上です。

⑪1株あたり当期利益（円）

当期利益÷発行済み株式数

投資家の判断材料のキーになる指標です。すでに発行されている株式総数で税引後の当期利益を割るといくらになるかということを示します。発行株数によって差があるので目安を示すのは難しいですが、１００円～数百円以上がある程度の目安といえます。上場会社では、株価がこの金額と比べてどの程度高いか（何倍か）という指標（ＰＥＲ）が、株式投資するかどうかの判断材料となっています。

⑫１株あたり純資産（円）

純資産÷発行済み株式数

これも投資のための判断指標の一つです。会社がいま解散して株主に財産を分配したとしたら、１株あたりいくらになるかを示しています。自分が出資した金額と比べれば、損得は明らかです。目安となる２５０円は当初発行価額（現在は株式の額面はありません）50円の5倍です。これも発行株数によって差があるので、目安を示すのは難しいです。

ここには紹介していませんが、**最近、自己資本利益率（ＲＯＥ）の向上を目標にする上場会社が増えてきました。**とくに海外投資家からのリクエストが大きいのですが、アメリカの議決権助言会社が「過去5年間の平均ＲＯＥが5％未満の会社は、経営トップの選任議案に反対するよう株主にすすめる」という考え方を示したことが影響しています。

ＲＯＥはReturn On Equityの略語で、当期利益を自己資本（純資産）で割って算出します。株主の持ち分である自己資本を使ってどれだけ利益を稼いだかを測る指標です。日本の上場会社の経営者は、これまでＲＯＥの低さ（過去20年で平均5％程度）をそれほど気にしてきませんでしたが、やっと重い腰を上げてＲＯＥの向上に取り組みはじめたようです。世界標準はＲＯＥ10％以上といわれていますから、損益構造を改革して利益を出さなくてはなりません。

もっとも、中小企業は上場会社に比べて自己資本が少ないため、もともとＲＯＥは高く算出されます。そのため、あまりＫＰＩ（Key Performance Indicator＝重要業績評価指標）としての機能は果たさないでしょう。もちろん、一般知識として知っておくとよいと思います。

第2章

会社の生き残りにいちばん大事なのはキャッシュフロー！

1 そもそも「利益」と「現金」はどう違うのか？

「利益＝現金」にならないワケ

ビジネスが順調で利益が出ているとしたら、もっと利益を増やそうとして設備投資をしたり、仕入れを増やそうとしたりしていろいろ考えます。

そのとき必要なのが現金です。利益が上がった分だけ現金が増えていればそれを使えますが、利益を上げることと現金（預金も含め）が貯まることはイコールなのでしょうか？

結論からいうと、まったく異なるのです。むしろ、**「利益＝現金」となることのほうが少ないのです**。利益と現金はまったく異なるという例を、いくつか挙げてみましょう。

①利益＞現金

商品が売れて利益が出ても、掛けで売ったのでその売掛金《うりかけきん》（掛けで売ったときの未収金）が回収されるまでは現金が入らず、利益よりも現金のほうが一時的に小さくなる。

②利益＜現金

手形で仕入れた商品を現金で売ると、手形が落ちるまでは現金が出ていかないので、利益よりも現金のほうが一時的に大きくなる。

③利益の減少≠現金の減少

たとえ利益が上がらなくても、売上を上げ続けるために事前に商品を仕入れたり、製品を作ったりするためにお金を使う。家賃は前払いが一般的。人を採用したり、試験研究や商品開発のためにお金を使うのも先行投資になる。新しい事業に進出するために会社を買収するというのも同じで、お金は減っていくが当面の利益は減らない。

④利益の増加≠現金の増加

たとえ利益が上がらなくても、銀行から運転資金を借り入れたり、増資（出資を受け入れて資本金を増やす）をしたりして現金が増えることもある。

⑤耐用年数にわたる利益の減少≠初年度だけの現金の減少

設備投資（機械を買う、工場を建てるなど）をすると、お金を使った年に全額費用にするのではなく、その機械や工場が何年使えるかという耐用年数《たいようねんすう》を想定して、その年数にかけて費用を割り振っていく。売上を上げるために何年も使える資産（固定資産）は、各年度の売上に対応して費用化しないと偏るため。これを減価償却《げんかしょうきゃく》と呼び、各年度に割り振られた費用を減価償却費という。

資産の価値は毎年減っていくが、どんなふうに減価していくのかを想定して計算する。減価償却の詳しい方法は省略して、その考え方だけをお伝えしよう。

いま耐用年数10年の機械を100万円で買ったとすると、買った年は減価償却費10万円（100万円を10年で割った金額）だけが計上される。つまり利益は10万円だけ減るが、現金は100万円全部が減る。それ以降の9年間は、減価償却費10万円が毎年計上されるが、現金は減らない。

◉―二つの算式を同時に考えることが大事

いま挙げた五つの例は、「損益」と「キャッシュフロー（現金収支）」は違う、ということ同じ意味を持っています。「損益」とは、売上高から売上原価、販管費、その他の損益（営業外損益や特別損益）を差し引いた結果です。「CF（キャッシュフロー）」は、現金の入出金の結果です。これを単純化すると次のような式になります。

［損益］　売上高−売上原価−販管費±その他損益＝利益

≠

［CF］　現金収入−現金支出＝現金（残高）

利益と現金は違うし、同じように損益とCFも違います。そのうえで、**違うからこそ二つの算式を同時に考えて経営しなくてはいけない**、ということを理解することが何より大事なのです。

売上高をいかに上げ、売上原価や販管費をいかに下げ、利益をいかに上げるか。現金収入をいかに多く早くし、現金支出をいかに少なく遅くし、現金をいかに多く貯めるか。その二つのことを同時に考えながら行動しなくてはいけません。

利益が上がっていても現金が減る一方だったら、「黒字倒産」もありえるからです。

2

事業がうまくいくほど運転資金が足りなくなる!?

◉──商売繁盛なのにお金が足りないのはなぜ?

会社を立ち上げて事業がうまく回りはじめると、最初のうちは元手資金でまかなえますが、うまくいきすぎると事業そのものにブレーキがかかってしまいます。商品を仕入れて売る場面を考えてみるとわかりやすいでしょう。

Dさんは雑貨の小売店を始めました。最初のうちは商品が月に5〜6個しか売れなかったのに、口コミやフリーペーパー、SNSなどの効果もあって、今月は30個以上売れそうです。

来月には50個以上売れる可能性が出てきました。そうなると在庫は翌々月の中旬にはなくなってしまいます。さっそく仕入先に電話をかけて100個注文することにしました。

ところが、仕入先からは「あなたの会社とは取引を始めたばかりだし、実績もないのに信用もつけられない。前金で全額いただけるのなら納品しましょう」といわれました。Dさんは返事に困り、「検討します」と電話を切るしかなかったそうです。

今月末までに30個以上売れそうだといっても、そのつど入金したとしても、いろいろな支払いでお金が消えていきます。お金をかき集めれば40個くらいまでなら仕入れられそうですが、売上の伸びを止めたくありません。仕方なく「40個分だけ支払いますから、その分の納品をお願いします。資金のメドが立ったらまた追加注文します」と再度電話しました。

事業はうまくいけばいくほど資金が不足するものなのです。

次は別の例です。

Eさんはお店を開くときの資金500万円の半分を自己資金で、残りの半分を銀行からの借入金でまかないました。それから少しずつ返済してきましたが、新たな借入れをしたことがなかったので銀行に相談してみることにしました。

銀行を訪れたEさんは、融資担当者から「運転資金と設備資金のどちらですか？　何のために、いくら必要なんでしょうか？」と聞かれて、何のことやらよくわからなかったようです。設備資金は設備を買うための資金でしょうからわかりますが、運転資金というのはどんな意味なのでしょうか？

運転資金とは「売上債権＋在庫－仕入債務」に対応するお金のことで、事業を続けていくための元手となるお金を意味します。事業を続けていくことを、クルマや機械を「運転」する状態にたとえているのです。

これを、決算書の科目で説明します。

売上債権とは「売掛金＋受取手形」のことで、商品を掛けで売ったあとに代金を受け取る権利（債権）をさします。クレジットカードで売ったときの未回収金、それにショッピングモールなどに入居していて売上金をいったん預けているものを「未収入金」で処理している場合は、それも売上債権になります。

在庫は「商品、仕掛品、原材料、貯蔵品」などの、販売予定の商品やそれを完成させる過程にある**たな卸《おろし》資産**をさします。

仕入債務は「買掛金＋支払手形」のことで、在庫を掛けで買ったあとに代金を支払う義務（債務）をさします。原材料や商品の購入だけを買掛金で処理し、それ以外の日用消耗品の購入を「未払金」で、翌月支払いの人件費、外注費を「未払費用」で処理している場合は、これらも仕入債務に含めます。

かみくだいていうと「**運転資金とは、近い将来入ってくるお金から、近い将来出ていくお金を差し引いたお金のこと**」で、月次決算書のなかからいま述べた各科目の残高を抜きだして計算します。

要するに、この運転資金がどんどん膨らんでいる（プラスの）とき、現金預金の残高でまかなえればよいのですが、そうでない場合は在庫や経費の支払いを待ってもらうか、月末までに不足分を借りてこないと「資金ショート（不足）で、やがては倒産」ということになってしまいます。運転資金の管理はそれだけ重大なのです。

黒字なのに倒産してしまう理由

逆に、月末の運転資金をあらかじめ計算してマイナスになった（売上代金を回収したあとにそのお金の範囲内で仕入代金の支払いが行われるので、運転資金が必要ない）としても、油断は禁物です。

売掛金が翌月末に入金されればよいのですが、2カ月後とか3カ月後に入金されることもあります。あるいはその期日に手形で回収したら、手形の支払期日によっては入金を何カ月も待たなくてはなりません。おまけに、仕入代金が毎月末払いだとすると、運転資金は増えていくことになります。

つまり、事業がうまくいけばいくほど、運転資金はどんどん膨らんでいくのです。この傾向がわかっているのに放っておくと、どこかのタイミングで支払い不能となり、やがては倒産の憂き目にあうことになります。

黒字なのに…商売はうまくいっていたのに…と悔んでも遅すぎます。過去に黒字倒産した事例は山ほどあります。

このような事態を防ぐためには、**運転資金の動きをよく見て、半年後くらいまでの「資金繰り予定表」を作って管理する必要があります。**それも経営計画（予算）と完全に連動するものでないと意味がありません。

ある会社の期首ＢＳ（貸借対照表）が図表13の①のとおりだったとします。それから1年間で商品を80仕入れて支払いを済ませたのち、この商品を１５０で売ったとします。た

図表13——黒字倒産とは「勘定合って、銭足らず」の状態！

①4月1日（期首）のＢＳ

現金	100	負債	350
固定資産	300	資本	50
合計	400	合計	400

1年間で商品を80仕入れて支払いを済ませたのち、この商品を150で売りました。ただし、代金の回収が遅れて翌年度になりました

②3月31日（期末）のＢＳ

現金	20	負債	350
売掛金	150	資本	50
固定資産	300	利益	70
合計	470	合計	470

利益は、売上高150－仕入原価80＝70も生まれたのに、現金は20しか残っていないので資金が完全にショートする（黒字なのに倒産する）ことになります

だし、代金の回収が遅れて翌年度になってしまいました。このまま期末を迎えたとすると、この会社のＢＳはどうなるでしょうか？

期末のＢＳは②のようになります。

利益は、売上高１５０－仕入原価80＝70も生まれたのに、現金は増えるどころか20に減っています（現金１００－仕入代金80）。まさに「**勘定合って、銭《ぜに》足らず**」の状態です。もし期末日に負債のなかの借入金40を返済予定だとすると、現金は20しかありませんから、資金は完全にショートする（黒字な

のに倒産する）ことになります。

なぜこうなるかというと、会計が発生主義、つまり現金の出入りとは関係なく、取引の事実があったかどうかで記録される方式だからです。商品を売ったという事実をもとに帳簿に記入されるので、利益が出ていても（勘定が合っていても）現金は足りない（銭足らず）のです。現金の動きがいかに重要かわかりますね。

ＰＬ（損益計算書）で売上や利益をチェックしているだけではダメで、「キャッシュフロー計算書」や「資金繰り予定表」を作って管理することが大切なのです。「資金繰り予定表」の作り方は、巻末を参照してください。

なお、黒字倒産を避けるためにキャッシュフローをどう改善するかは、この章のキャッシュフロー改善策（１０６～１２５ページ）で説明します。

3 CF（キャッシュフロー計算書）をビジネスにどう使うか？

●――キャッシュフロー計算書の基本

第1章で申し上げたように、キャッシュフロー計算書（CF）は上場会社の決算書ではよく登場しますが、主に投資家への説明のために作られているものなので、中小企業ではあまり使われません。

今後の資金繰りの予定は「資金繰り予定表」を作って具体的に検討し、過去の本決算の説明には「キャッシュフロー計算書」を作るというのがぼくのおすすめです。

それでは、CFをどう使えばいいのでしょうか？

あらためて述べますと、キャッシュフロー計算書（Cash Flow Statement＝CF）」とは、**1年間の現金の動きを営業活動、投資活動、財務活動の三つに分けて表し、最終的に「現**

金及び現金同等物」がどれだけ増えたか（**減ったか**）**を説明する決算書のこと**です。

「現金及び現金同等物」というのは、現金のほかに、換金しやすい資金をさします。現金、普通預金、当座預金、通知預金のほか、3カ月以内の定期預金や譲渡性預金などが含まれます。上場株式は換金しやすくても価値が変わりやすいため、ここには含まれません。

キャッシュフロー計算書は、PLから利益や減価償却費などを抜きだし、BSからは売上債権や仕入債務などの増減額を抜きだして作ります。なぜそのような作り方をするかといえば、**会計上の利益は現金とは異なるので、現金の動きをきちんと表すように調整しなければならない**からです。

まずは、CFの三つの活動を説明しましょう。なお、「現金及び現金同等物」は長くて呼びにくいので、ここからの説明では「キャッシュ」と呼ぶことにします。

①営業活動によるキャッシュフロー（**営業CF**）

営業CFは、営業活動にともなうキャッシュの出入りを示します。ここでいう営業活動とは、商品を売り込むといった狭い意味ではなく、会社が利益を上げるためのすべての事業活動のことをいいます。

この事業活動には、「売上を上げたが、掛けで売った」などのようにキャッシュの動きに関連のないものが相当含まれているので、ＰＬやＢＳのいろいろな科目を利用してキャッシュの動きを正しく表す方法が考えだされました。この方法で作られたのがキャッシュフロー計算書（ＣＦ）です。

ここからは、93ページの図表14に示した営業ＣＦのところを見ながら読んでください。

この営業ＣＦでは、キャッシュの1年間の純増加額にもっとも近い「税引前利益」から説明を始めます。次に、ＰＬでは利益から差し引かれている「現金を支出しない費用」である減価償却費を加えます。これでキャッシュの増加額に少し近づきました。

続いて、売上高をキャッシュの入金額に近づけるために、売上債権（売掛金＋受取手形）の増減額を調整してあげます。売上原価や販管費も出金額に近づけるために、たな卸資産や仕入債務（買掛金＋支払手形）の増減額などで調整します。最後に、税金の支払いも大きいのでその金額を引きます。

この営業ＣＦがプラスで残る（図表14では７４４５万円）というのは、会社の事業活動が正常で、利益と同時にキャッシュも生みだしていることを示しています。逆にマイナスなら、かなりの改善努力を続けないと事業は継続できないということを表しています。

②**投資活動によるキャッシュフロー（投資CF）**

投資CFは、設備投資や資金運用などの現金の出入りを示しています。会社は売上を増やすために設備投資をします。あるいは、投資目的で不動産を買ったり、キャッシュを得るために不動産を売ったりします。このようなお金の出入りを表すのが投資CFです。**不動産を売った場合を除くと、投資活動を行うとこの区分はマイナスになるのがふつうです。**

③**財務活動によるキャッシュフロー（財務CF）**

前の二つのCFの結果に対処するために、銀行からの借入れを増やしたり、借入れを返済したり、リース債務を返済したり、あるいは株主に配当金を支払ったりするのが財務CFです。1年間の営業活動や投資活動に対して財務的にどう対応したのかが表れます。

実際のキャッシュフロー計算書を見てみよう

ある会社のキャッシュフロー計算書を図表14に示しました。この図表を見ながら、三つのCFの内容を具体的に説明しましょう。

この会社の税引前利益は1億2085万円ですから、これに減価償却費（費用なのにお

図表14――ある会社のキャッシュフロー計算書

（千円）

	税引前利益	120,850	①
	減価償却費	6,720	②
	売上債権の増減額（－は増加）	-22,480	③
	たな卸資産の増減額（－は増加）	29,200	④
	仕入債務の増減額（－は減少）	-6,640	⑤
	法人税等の支払い	-53,200	⑥
営業活動によるキャッシュフロー		**74,450**	A（①～⑥計）
	有形固定資産の取得による支出	-26,000	⑦
	有形固定資産の売却による収入	1,040	⑧
	ソフトウエアの取得による支出	-4,560	⑨
投資活動によるキャッシュフロー		**-29,520**	B（⑦～⑨計）
	短期借入金の増減額（－は減少）	-1,200	⑩
	長期借入金の増減額（－は減少）	-2,320	⑪
	配当金の支払額	-13,480	⑫
	リース債務の返済による支出	-2,640	⑬
財務活動によるキャッシュフロー		**-19,640**	C（⑩～⑬計）
キャッシュに係る換算差額		3,200	D
キャッシュの増加額		28,490	E（A～D計）
キャッシュの期首残高		251,200	⑭
キャッシュの期末残高		279,690	E＋⑭

注1：本書では「現金及び現金同等物」をキャッシュと呼ぶことにします
注2：フリーキャッシュフローはA＋Bで44,930千円となります
注3：細かな科目は省略しました

金の支出がないので）６７２万円を足して、減価償却前の税引前利益を算出します。これが、営業活動で稼いだお金に近い金額と考えられます。

それに運転資金の増減と税金等の支払いを差し引きます。運転資金は③から⑤の合計なので、ほぼゼロです。これに法人税等の支払いが５３２０万円あったため、営業ＣＦはプラス７４４５万円となりました。営業活動で稼いだお金が７４４５万円残ったという意味です。ここがマイナスだと、「事業を続けて大丈夫か？」という疑問がわいてきます。

次に、有形固定資産の取得に２６００万円使い、有形固定資産の売却で１０４万円収入があり、ソフトウエアの取得に４５６万円使ったので、投資ＣＦはマイナス２９５２万円となりました。

投資ＣＦはもともと現金支出だけの項目なので、マイナスになるのがふつうです。プラスになっているようだと、いらない固定資産を売って収入を得た金額のほうが設備投資の金額を上回ったような状態をさします。なぜ固定資産を売ったのかという理由が知りたくなります。銀行も貸してくれなくて財務的に困ったからなのかな…と妄想が働きます。

続いて、短期借入金の返済で１２０万円、長期借入金の返済で２３２万円、配当金の支払いで１３４８万円、リース債務の返済で２６４万円をそれぞれ使ったので、財務ＣＦはマイナス1964万円となりました。

この会社は資金に余裕があるようなので財務CFがマイナスになっていますが、営業活動のプラスCFで投資活動のマイナスCFをまかないきれないようだと、財務活動のCFは借入金を増やしたり増資に頼ったりしてプラスにし、キャッシュの増減額を少なくともゼロにするのが経理担当者のとる行動です。

この会社の場合、三つの区分以外にキャッシュに含まれている外貨建て資産の換算差額が320万円あったので、これを三つのCFに加えるとキャッシュの増加額はプラス2849万円となりました。これらの結果、キャッシュの期首残高2億5120万円にその増加額を加えると、キャッシュの期末残高は2億7969万円となりました。

こんなふうに1年間の現金の動きを明解に説明できるのが、キャッシュフロー計算書のメリットです。

◉──フリーキャッシュフローは会社が自由に使えるお金

ところで、図表14の「注2」にも示しましたが、CFのなかでもとくに大事な指標があります。それは「**フリーキャッシュフロー（FCF）**」**といわれるもので、営業CFと投**

資ＣＦを合計して求めます。先ほども述べましたが、投資ＣＦは設備投資がメインなのでふつうはマイナスになります。そこで会社が営業活動で稼いだお金から、その投資ＣＦを引くとＦＣＦが算出されます。

ＦＣＦは、会社が自由に使えるお金です。このお金があって初めて、借入金を返済したり、キャッシュを増やしたりできるので、**ＦＣＦが多ければ多いほど経営状態はよい**といえるでしょう。図表14のＦＣＦは４４９３万円あるので、長・短期借入金をそれぞれ１２０万円、２３２万円返済し、配当金を１３４８万円、リース債務を２６４万円支払ってもまだ２５００万円ほど余裕があり、キャッシュの残高を増やすことができました。

逆に、ＦＣＦがゼロやマイナスだとすると、銀行から借り入れたり、固定資産を売ったり、増資などに頼ることになってしまいます。その場合は、日ごろから営業ＣＦを増やす努力や、投資ＣＦを営業ＣＦ以内に抑える工夫をする必要がありそうです。

ただし、タイムリーで効果的な設備投資が行われた場合などは、ＦＣＦが一時的にマイナスになったとしても、翌年以降は売上の拡大や経費削減が見込めるため、ＦＣＦはプラスに転じるはずです。したがって、キャッシュフロー計算書は単年度だけで見るのではなく、３〜４年分作って比べてみるのがいいでしょう。

4 「資金繰り予定表」で資金繰りの不安を解消する！

お金の「前始末」をしよう！

ビジネスの基本に「ＰＤＣＡを回す」という行為があります。

計画（Plan）して、実行（Do）して、計画値と実績値の差を検証（Check）して、改善しながら行動（Action）することの大切さを伝えています。計画を立てずに実行しても、ビジネスでは思わぬことが起こってうまく進みません。

計画を立てるときにはいろいろな想定をします。こんなことがあったらこうする、あんなことが起きたらこう手当てする、といったことをたくさん考え、書きだします。実際の会社の活動では、そのつどお金が動きます。

失敗したあとには「後始末」をしますが、これには相当な時間とお金がかかります。それよりも、失敗しないように計画を立てて十分に準備することが大事です。これをユニクロでは「前始末」と呼びますが、前始末には後始末ほど時間もお金もかかりません。そして、**お金の前始末が、翌月以降のCFの予測（計画）を立てるということです。**

今後のCFの動きを予想して「予定キャッシュフロー計算書」を作ってもよいかもしれませんが、キャッシュフロー計算書はBSの科目を抜きだして作るので、1年単位がふつうです。1年単位ではなく月単位でお金の動きを予測して、不足しそうなら銀行から借り入れる、ムダな支出をやめる、仕入れを減らすなど、実際の行動に移さなければなりません。そのためには、毎月末に翌月以降の現金の出入りを予測して作る「資金繰り予定表」がいちばん適しています。

「資金繰り予定表」は資金繰りの一覧表

資金繰り予定表は、**お金の動きを「経常収支」と「財務収支」の二つに分けて、PLの各科目の数値から資金の動きを予測して作ります。**巻末に、資金繰り予定表の具体的な作り方を示しましたので参照してください。

まず「経常収支」は、「経常収入」から「経常支出」を差し引いて算出します。

「経常収入」とは、通常の事業活動から得られる現金収入のことで、現金売上、売掛金の回収、受取手形の入金、その他の現金収入が含まれます。ここでは、現金売上は月次予算の売上高の7割と仮定し、売上高の1割が掛け売りで翌月に現金回収し、売上高の残り2割は3カ月サイトの手形で回収すると仮定して計算します。この仮定は、会社の販売方法や回収条件によって異なります。

「経常支出」とは、通常の事業活動をとおして支払う現金支出のことで、現金仕入れ、支払手形の決済、人件費の支払い、外注費や経費の現金支払い、設備投資の現金支払い、税金等の支払い、支払利息が含まれます。

巻末の表に示した会社の例では、現金仕入れは仕入予算の2割、残りの8割は3カ月サイトの手形支払いと仮定します。外注費支払いは前月の外注費予算額と同じと仮定しています。以下、同じように損益予算から資金の動きを予測します。

このようにして「経常収入」と「経常支出」を洗いだすと、「経常収入－経常支出＝経常収支」がわかります。

一方の「財務収支」では、これまでに計算した「経常収支」に対して財務的にどう対処するかを検討します。経常収支がマイナスで資金が足りないとしたら、銀行から○月にいくら借り入れようとか、増資や社債を発行しようかと検討し、「財務収入」を記します。

逆に経常収支がプラスなら、借入金を予定より早く返済することもできるので、通常の返済予定額と合わせて「財務支出」を記します。

毎月の経常収支を予定して見ていけば、財務収支でどのような手を打てばよいかがわかります。とくに銀行借入れは、金額によっては銀行内の稟議に時間がかかる場合もあるため、早めに申し込んでおく必要があるでしょう。

こうして「財務収入－財務支出＝財務収支」が見えてきます。

最後に、前月末の現金預金残高に経常収支と財務収支を加えて、当月末の現金預金残高を算出します。これを12カ月分くり返して作ります。

資金繰り予定表は、予定していた月が過ぎたら、翌月以降の予定表を毎月作り直すことになりますが、同じ表に実績値を3カ月分くらい残しておいて「資金繰り実績兼予定表」を作ることもあります。図表15ではスペースの関係で4～5月の実績を省略しています。

資金繰りの不安が、経営者や経理担当者のいちばん胃を痛めるもとになります。**少しでもリスクを小さくするためにも資金繰り予定表を一刻も早く作ることです。**試行錯誤しながら何度も作り直すことをおすすめします。

図表15——資金繰り実績兼予定表のサンプル

2016年4月1日～2017年3月31日　（千円）

		6月	7月	8月	省略	3月	年間合計
		実績	予定	予定		予定	
前月末　現金預金残高		248,441	268,471	267,178		245,846	240,000
経常収入	①現金売上	82,265	87,500	75,600		98,000	1,016,395
	②売掛金回収	11,642	11,700	12,500		10,800	141,941
	③受取手形入金	25,874	24,000	23,000		27,000	285,973
	その他	1,013	0	350		0	2,406
	合計	120,794	123,200	111,450		135,800	1,446,715
経常支出	④現金仕入	12,043	13,000	11,232		14,560	150,779
	⑤支払手形決済	46,845	49,920	47,840		56,160	586,135
	⑥人件費支払	12,307	33,750	11,880		15,400	219,184
	⑦外注費支払	13,784	14,040	15,000		12,960	170,043
	⑧経費支払	9,185	9,360	10,000		8,640	114,609
	⑨設備投資	0	0	0		0	135,685
	⑩税金・配当金	3,185	0	0		0	65,103
	⑪支払利息	415	423	413		403	4,654
	合計	97,764	120,493	96,365		108,123	1,446,192
経常収支		23,030	2,708	15,086		27,678	523
財務収入と支出	⑫借入金収入	0	0	0		0	80,000
	増資・社債発行等	0	0	0		0	0
	⑬借入金返済	3,000	4,000	4,000		6,000	53,000
	その他	0	0	0		0	0
財務収支		-3,000	-4,000	-4,000		-6,000	27,000
当月末　現金預金残高		268,471	267,178	278,264		267,523	267,523

		6月	7月	8月	3月	年間合計
損益予算	⑭売上高（予算）	117,000	125,000	108,000	140,000	1,451,000
	⑮仕入高（予算）	60,840	65,000	56,160	72,800	754,520
	⑥人件費支払	12,307	33,750	11,880	15,400	219,184
	⑯外注費（予算）	14,040	15,000	12,960	16,800	174,120
	⑰経費（予算）	9,360	10,000	8,640	11,200	116,080
⑱当月末　借入金残高		169,000	165,000	161,000	155,000	155,000

5 売上の何カ月分の現金を持っておけば安心か？

目安は売上高の2カ月分

成功する経営者は現金の大切さをよく知っています。現金がなくなったらたちどころに倒産する、ということを身をもって体感してきたからです。

ファーストリテイリングの柳井正社長は著書『一勝九敗』（新潮社）のなかで、「起業家十戒」の最後に「10．つぶれない会社にする。一勝九敗でよいが、再起不能の失敗をしない。キャッシュが尽きればすべてが終わり」と現金の重要性を説いています。

商品を売って売掛金を回収すれば、現金（預金を含む）は増えます。しかし、商品の仕入れなどの支払いがあるたびに現金は減っていきます。商品が思ったように売れなくても、給料や家賃、仕入れの支払いは約束どおりに行わなくてはなりません。

現金残高の目安は、**財務の安全性から見ると売上高の2カ月分が妥当**とされていますが、現実には月末に1カ月分くらいしか持っていない中小企業は多いと思います。

「営業キャッシュフローは、銀行借入れをせずに自己資金でまかなう」という方針の会社では、お金を効率よく使うという意味で1カ月分というのは妥当な水準かもしれません。

逆に、少なくとも1カ月分以上の残高を持っていないと何が起きるかわからないので危険というのも事実です。

手元資金の多い会社はどこか?

2014年度末の手元資金が多い会社（金融機関を除く）をランキングすると、1位トヨタ自動車、2位ソフトバンク、3位イオン、4位三菱商事、5位ソニーとなっています（15年5月30日付、日本経済新聞朝刊）。手元資金というのは現金預金（定期預金を含む）と短期売買目的の有価証券を合わせたものです。この記事をもとにして5社の手元資金がそれぞれ売上高の何カ月分あるのかを算出してみました。

次ページの図表16のように、5社のそれを平均すると3・3カ月分になりました。

トヨタは円安による輸出改善、ソフトバンクは社債発行など、それぞれで手元資金が増

図表16——手元資金は売上高の何カ月分あるか？

（億円）

順位	会社名	決算期	手元資金の残高	年間売上高	売上高の何カ月分か
1位	トヨタ自動車	2015年3月期	52,159	272,345	2.3カ月
2位	ソフトバンク	2015年3月期	32,586	86,702	4.5カ月
3位	イオン	2015年2月期	23,530	70,785	4.0カ月
4位	三菱商事	2015年3月期	19,131	76,694	3.0カ月
5位	ソニー	2015年3月期	18,861	82,158	2.8カ月
				5社平均	**3.3カ月**

ソフトバンクは4.5カ月分、
イオンも4.0カ月分の手元資金を持っている！

出所：「日本経済新聞」2015年5月30日の記事をもとに著者作成

える要因はあったものの、妥当とされている「2カ月分」を大きく上回っています。財務の安全性が高いということは、今後、積極的な資金活用に臨めるということでもあります。**手元資金を大切にするのは経営の基本中の基本といえます。**

中長期に成長するための投資にお金を使っていくとしても、日々の売上と利益を着実に上げ、現金を売上高の2カ月分以上まで貯める、というより「絶対に貯めるぞ！」という経営者の強い意思が大切です。大企業の事例ではありますが、中小企業も参考にすべきだと思います。

ただし、財務の安全性があまりに高く、たとえば現金がつねに売上高の5～6カ月分あってもいいのかというと、今度は逆に株主から「もっと資金を効率的に運用せよ」と叱られるかもしれません。

経営者の役割は、会社の資産を活用して効率的に利益を上げていくことですが、いたずらに手元資金を積み上げても利益にはつながりません。前述のように、ROE（自己資本利益率）の低下にもつながりますから、株価を引き下げる要因にもなるのです。上場会社は、数値が良くても悪くても説明責任があるので大変です。

6

キャッシュフロー改善策1

回収条件を早く、支払条件を遅くする

売上の回収条件を早くするには？

95ページでも申し上げたように、フリーキャッシュフロー（ＦＣＦ）はＣＦのなかでもとくに大事な指標です。これは、会社が営業活動で稼いだ資金から、設備投資の資金を差し引いて算出されます。つまり、ＦＣＦは会社が自由に使えるお金で、多ければ多いほど経営状態はよいといえます。「資金繰り予定表」でいえば、経常収支が財務収支以上になって残る状態をさしています。

では、どうすればそのような状態になれるのでしょうか。ここでは回収条件と支払条件について見ていきます。

ＦＣＦを多く残すためには利益を上げるのがいちばん大事ですが、それは当たり前として、まずは「**売上の回収条件をなるべく早くし、仕入れや経費の支払条件をなるべく遅くすること**」がきわめて大事です。

売上の回収条件でいちばんよいのは、現金小売りです。商品やサービスの引き渡しと同時に現金を受け取るのです。

次によいのは、当月末締切りの翌月末振込みによる現金回収で、半月から1カ月くらいは売掛金として残ることになります。

信販カードなどによる回収は、ふつうの売掛金と同じくらいの滞留で長くはありませんが、手数料を引かれるので粗利の低い業種では相当につらいです。

飲食店では、原材料費、人件費、家賃の三大費用を売上高から差し引いたら粗利が数パーセントしか残らないお店も多いです。ここから3~4パーセントの回収手数料を引かれたら利益はまったく残らなくなってしまいます。ですから、「クレジットカードお断り」としているお店が多いのもうなずけます。

逆に、いちばん悪い回収条件は、売掛金を計上したあとに手形で回収し、その支払期日（サイト）が長いものです。2~3カ月ならまだいいですが、4~5カ月だと支払いに支障が出るので、銀行で期日前に手形を割り引いて入金してもらうか、その長い手形の裏面に必要事項を書いて支払先に回す（裏書《うらが》き譲渡する）ことになります。

割り引いた手形を割引手形と呼び、割引料（利息と同じ）を銀行に支払って差額を入金します。回し手形（裏書き譲渡手形）のケースでは、支払金額とピッタリ合う手形を見つけるのはとても難しく、仕入業者への支払金額が１００として得意先から手に入れた回し手形の金額が96だとすると、差額は現金で支払うか、新たに手形を発行することになります。面倒ですね。

手形で受け取る場合は、信用の問題もあるので注意しなくてはなりません。信用のおける会社の手形なら大丈夫ですが、**信用のおけない会社だと不渡り（支払い拒否や倒産の場合）のおそれがあり、現金を回収できずに貸し倒れとなってしまうかもしれません。**これは絶対に避けなくてはいけません。

最近では「電子記録債権」を利用する会社も増えてきました。これは手形や売掛金をたんに電子化したものではなく、新しい支払い手段です。電子債権記録機関（登記所みたいなもの）の原簿に情報を記録すれば、インターネットなどを通じて債権を売買でき、分割して譲渡することもできます。手形だと作成や保管にコストがかかり、分割できないなどの問題がありました。それらを克服した制度なので、今後はもっと普及するでしょう。

仕入れの支払条件を遅くするには？

次に、支払条件の問題点はどうでしょうか？

なるべく現金を手元に残したいわけなので、**支払うときは先ほどの回収条件と正反対になります。**できるだけ支払いを遅くするのです。

現金支払いはもってのほかで、月末締めの翌月末振込みもできるだけ避け、翌月末に3カ月サイト以上の手形で支払うのがよいということになります。しかし、現実はそう簡単にはいきません。仕入先や取引先がこのような条件に合意してくれるわけがないからです。

その場合は仕入先と自社の力関係がものをいいます。

自社が弱い立場なら、仕入先の条件に合わせざるをえないでしょう。でも、「そこをなんとか…」といって説得することも大切です。購入ロット、購入単価、スペックの変更、値引き条件など、交渉できる余地はあると思います。

しかし、家賃などは前払いが原則ですね。後払いで部屋は貸してくれません。そして、売上歩合家賃などを採用している百貨店やショッピングモールに入居していれば、家賃は変動費になって、売上高が多いほど家賃が上がって大変です。

バランスがとれると資金繰りがラクになる

ここまで理解できたら今度は、回収条件と支払条件が取引先ごとにどうなっているのか、会社全体ではバランスがとれているかどうかを調べることが大事です。

事業を始めるときに「できるだけ有利な回収条件と支払条件を目指す」なんてことを考えていた経営者はあまりいないと思いますので、調べてみると回収側でも支払側でも結構バラバラでビックリすることもあります。

だとすると、**まずは回収側と支払側でそれぞれ、できるだけ条件を統一しましょう。**

たとえば、各社バラバラな条件だったものを整理して、得意先45社の回収条件は平均で「1・5カ月後に現金入金」、仕入先86社の支払条件は平均で「2カ月後に現金支払い」というように統一したとすれば、差額の0・5カ月分の現金はつねに残る（浮く）計算になります。これが、「回収と支払いのバランスがとれるようになる」ということで、資金繰りがラクになるはずです。

7

キャッシュフロー改善策2
ビジネスモデルを変える

◎—「前受金ビジネス」がキャッシュフローの優等生

前項で、売上の回収条件でいちばんいいのは現金小売りだと述べました。しかし、**もっと効率がよいのは「前受金ビジネス」です。**

たとえばスポーツクラブ、学習塾、英会話スクール、エステサロンなどでは、サービスを提供する前に回数券を販売したり、半年分を前払いすると割引制度があったりします。

JRのスイカ（Suica）や私鉄のパスモ（PASMO）などもこの類です。

このように前受金をもらうことがお客様から支持されると、資金繰りに苦労することはなくなります。

しかし、前受金ビジネスには発行会社側で注意しなくてはならない点があります。サービス完了前の前受金はお客様からの「預り金」なので保管義務があり、サービス提供（売上計上）前にそのお金を使ってしまわないように管理が必要だということです。

以前倒産した英会話スクールやエステサロンでは「お客様からの回数券の返金に応じるだけの資金がまったく残っていなかった」という事件が相次いで起き、話題となりました。「好事魔多し《こうじま》」という格言が活きています。

資金繰りがラクになるビジネスモデルは？

ビジネスモデルの全部か一部を変えることでキャッシュフローを改善するのは、前受金ビジネス以外にもいくつか考えられます。

①デザイン制作や請負工事などの請負期間が長いビジネスでは、完成時に全額を回収するのではなく、前受金、中間金をもらえるように契約のときに交渉する。

②いままで実店舗で販売していた商品を、インターネットで通信販売する。店舗販売だと家賃、人件費、内装などの費用がかかるが、ネット通販ではかからない。費用がかかるのは、実店舗と同じく在庫負担と、通販にかかる配送料。

③ネット通販では、大手のＥＣモールに出店すると手数料がかかるので、自社のサイトを充実させて通販を行う。自社のサイトが検索画面で上位にくるようにＳＥＯ

（Search Engine Optimization）対策を行う。ブログやＳＮＳとの連動を強化する。

④クレジットカード会社を経由すると手数料がかかるので、「先に口座に振り込んでくれたら、商品を配送する」というスタイルで注文を受ける。

⑤ネットで試用版アプリを無料で提供していたが、特別な付加価値を乗せたアプリについては月額課金制を実施する。

ネット通販の場合、利益率が高い独自の商品を販売できるなら、ＥＣモールの手数料やクレジットカードの手数料がかかっても利益が出ますが、そうでないケースでは、やはり自社サイトでの販売ということになるでしょう。

実店舗での販売は、家賃や人件費が相当かかるだけでなく、店舗管理のために思わぬ手間暇、たとえば店舗運営マニュアルの整備や教育訓練などに費用や人手がかかります。独自のネット通販（無店舗販売）に切り替えれば、基本的には倉庫での商品管理コストと配送料だけで済みます。

実店舗より無店舗販売のほうがコストは少なく、人件費・人事管理コストもそれほどかからないので、損益構造が軽くなった分、先ほどの二つの手数料を天秤にかけてどう考えるかがカギとなります。

8

キャッシュフロー改善策3
社内で現金をひねりだす

◉―「経営資源の選択と集中」をする

キャッシュフローの改善策について、ここでは「社内で現金をひねりだす」という観点から見ていきます。社内の現金捻出策として考えられるのは、次の四つです。

①「経営資源の選択と集中」をしたうえで、中核事業の構造を抜本的に見直す。結果的に、非中核事業を売却したり廃止したりすることになる。

②最低在庫量を算出してそのレベルまで在庫を削減し、つねにそのレベルに保つ。

③不要不急の資産（有形固定資産、投資等）を売却する。

④ムダなコストを削減する。

このうち③は経営上の当たり前の策です。廃止された事業に関する資産、たとえば土地や工場設備は売却対象ですし、遊休土地・設備や業務目的ではない投資有価証券、積立型の生命保険金は、資金繰りが苦しくなったら真っ先に現金化されるものです。

④については後述しますので、①と②について述べます。

最初は、①「経営資源の選択と集中」をしますが、このためにはいくつかの事業のうち「赤字の事業を大幅に縮小するか廃止する」「利益率の悪い事業を売却する」「中核事業だけを残し、それ以外の事業はすべて売却する」といった決断をします。

そして、残すべき中核事業を決めたら、今度はその事業構造を見直すことになります。

具体的には、これだけ見直すことがあります。

- ターゲット顧客層を抜本的に見直す。マスかニッチか、企業向けか消費者向けか？
- 商品・サービスの価値と価格はこれでよいか？
- お客様への広告宣伝方法はどうあるべきか？
- 販売方法はこれでよいか？
- サプライチェーンのどこを担当するか？
- 損益構造はこのままでよいか？
- 決済方法（回収条件）や支払条件などのキャッシュフロー構造を一から見直し、再構築する。
●取り扱い量が増えたときの全体の構造を予測する。
このうち「サプライチェーンのどこを担当するか？」は、もう少し説明しましょう。

サプライチェーンというのは、商品企画・設計から原材料の調達、製造、外注、在庫、販売、配送までの流れのことで、商品を供給（サプライ）する側から見て、それぞれの機能がどのようにつながっているのかを示すものです。

サプライチェーンのなかでの自社の位置（役割）を見直してみると、より多くの利益を生みだせる可能性が出てきます。たとえば、いまは販売工程のみを受け持っているとすれば、できるだけ製造に近い上流工程を社内に取り込み、商品を生産したうえで販売するように変えるということです。すぐには実現できなくても、試行錯誤をくり返せば正しい方向が見えてきます。

上流にさかのぼって成功したユニクロ

いまから25年以上前のユニクロは、衣料品をメーカーや卸問屋から買ってきて売るだけの小売店にすぎませんでした。

1990年8月期の売上高は51億5700万円、経常利益は1億円だったので、売上高経常利益率は1・9%でした。そのころから徐々に中国の工場に対して「別注」と呼ばれる自社企画・デザインの商品の割合を増やしていったのです。

そして、やがては社内にデザイナーやパタンナーを抱えるようになり、生産管理の担当者が中国の協力工場近郊に常駐し、企画・デザインから生産、販売までを一貫して行う「SPA（製造小売業）」と呼ばれる業態をとるまでに成長しました。

2006年8月期から15年8月期までの10年間の売上高経常利益率は平均13・1%です。上流にさかのぼることによって利益率がグッと高まった事例です。これでキャッシュフローは大幅に改善されました。

ほかにもサプライチェーンを見直して成功した事例があります。

機械や金型を製造していたある会社は、もともと自社で設計を手がけていましたが、それをやめてOEM（相手先ブランドによる製造）での製造受注のみに切り替えました。また、消費者向けの製品をすべて自前で作っていたある会社は、赤字続きの製品製造部門を縮小し、得意分野の部品製造に特化して再生を果たしました。両社ともリストラで膿《うみ》を出すとともに、得意分野に集中したことが功を奏しました。

また、アップルのように企画・設計に特化し、製造委託して成功した例も数多いです。

「無在庫物流」でキャッシュフローはよくなる

次のキャッシュフロー改善策は、②在庫の削減です。

読者のみなさんはすでにご存じのとおり、在庫はお金と同じように大切です。お金が売上と利益を上げるのに役立っていなければ意味はないのと同じように、在庫は売らなければ死蔵する（ムダにしまっておく）ことにつながり、その事業をする意味はないのです。

在庫は適正な回転が求められ、**最適在庫量をつきとめて、その数量になるように仕入れや売上をコントロールすることが大事です。**滞留在庫、不良在庫が判明したら、早めに廃棄したり安値で売却したり、評価減することです。

理想的には「無在庫物流」で、製造に必要なときだけ原材料が揃い、販売に必要なときだけ商品が在庫されれば、月末や決算期末の在庫量はほとんどゼロに近くなります。これに少しでも近づけられれば、キャッシュフローは大きく改善するはずです。

9

キャッシュフロー改善策4

資金を調達する

◎──資金を引っぱってくる五つの方法

キャッシュフロー改善策の最後に、「借入れをしたり、資本金を増やしたりして、資金繰りそのものをよくする」という観点から考えてみましょう。

①銀行などから借り入れる

第1章では、借入金はなるべくゼロにするのが理想とお伝えしました。しかし、正常な運転資金や成長のテコにするための設備投資資金で、計画的に返済できる範囲内ならまったく問題ありません。ただし、借りすぎには注意したいところです。

貸し手側の銀行から見ると、約束した期限までに元金と金利がすべて返済される見込みがあるから貸し付けます。当然、貸し手は借り手の信用力（返す力を信じること）や担保価値を判定してから貸すわけです。それらを判定するために、過去の決算書や最近の月次決算書を見たり、財務担当者の信用度や社長の健康度をチェックしたりします。

もちろん、借入れの目的も理にかなっている必要があります。理にかなった目的とは「運転資金」「賞与資金」「納税資金」「設備投資資金」などで、借入れの期間や担保価値、信用力によって金利も変わってきます。

②増資をする

増資というのは、新しく株を発行して、事業の元手となる資本金を増やすことです。**すでに出資してくれている株主にいまと同じ持ち分割合で引き受けて（資金を払い込んでもらう方法を株主割当増資といい、第三者（既存株主の一部を含む場合もあります）に引き受けてもらう方法を第三者割当増資といいます。**

銀行などからの借入金は「他人資本」と呼ばれ、金利というコストを支払ったり、期日には返さなくてはなりません。一方、資本金は「自己資本」と呼ばれ、配当というコストを支払うかどうかは自由ですし（利益が出なければ配当は出せません）、資本金は返さなくてよいお金です。

図表17——株主割当増資と第三者割当増資の違いは？

①株主割当増資の場合

（万円）

	既存の資本金（株価10万円）			増資（株価18万円）		増資後			
株主	株数	金額	持ち分	株数	出資額	株数	出資額	1株あたり出資額	持ち分
A	80	800	80%	40	720	120	1,520	12.7	80%
B	10	100	10%	5	90	15	190	12.7	10%
C	10	100	10%	5	90	15	190	12.7	10%
合計	100	1,000	100%	50	900	150	1,900	12.7	100%

②第三者割当増資の場合

（万円）

	既存の資本金（株価10万円）			増資（株価18万円）		増資後			
株主	株数	金額	持ち分	株数	出資額	株数	出資額	1株あたり出資額	持ち分
A	80	800	80%	—	—	80	800	10.0	53%
B	10	100	10%	20	360	30	460	15.3	20%
C	10	100	10%	—	—	10	100	10.0	7%
D	—	—	—	20	360	20	360	18.0	13%
E	—	—	—	10	180	10	180	18.0	7%
合計	100	1,000	100%	50	900	150	1,900	12.7	100%

⇩

株主割当増資では株主の持ち分は変わらないが
第三者割当増資では変わる

キャッシュフローの改善策からいえば、この増資がベストです。ただし、経営者を含む既存株主に資金を払い込んでもらう資金的な余力があるかどうか、会社の成長力を信じて投資してくれるかどうかが現実的な課題となります。

株主割当増資は、増資しても既存の株主の持ち分（持ち株比率）は増資後も変わりませんが、第三者割当増資の場合は変わります。

図表17を見ると、株主割当増資では株主の持ち分と同じ比率で新たな株数が割り当てられ、3名ともそのとおりに出資したので、増資後の持ち分は増資前と変わりません。

一方、第三者割当増資では、増資に応じた既存株主のB（AとCは応じなかった）、新株主のDとEは、その時点の1株あたり株価18万円についてそれぞれの株数分を払い込んだ結果、増資後の持ち分は大きく変わりました。株主Cと新株主Eは10株ずつ持っているので、払い込んだ金額（出資額）は80万円も差がありますが、持ち分は同じ7％になっています。

株主割当と第三者割当のどちらの増資にするかは、その金額規模によって決めることが多いです。通常、経営者には株主をできるだけ増やしたくないという気持ちが働くので、既存株主が資金を払い込んでくれる範囲内なら株主割当増資を、第三者からも出資を募る必要がある多額な増資の場合には第三者割当増資を選ぶことになるでしょう。

③株式公開（ＩＰＯ）する

ベストな増資方法のなかでも理想的なのは、株式を証券取引所で上場（株式公開）することです。未上場の会社が新たに株を売りだすことになるのでＩＰＯ（Initial Public Offering）と呼びます。上場前は１００万円のお金にも四苦八苦していたのが、**上場すると一挙に数億円（場合によっては数十億円）ものお金が入金され、資金繰りの苦労がウソのようになります。**

上場時に株式を取引所で初めて売りだす方法には二種類あり、既存の株主が持っている株を売ることを「売出し《うりだ》」、新たに株を発行し増資することを「公募《こうぼ》」といいます。

売出しは既存株主が持っている株式を売るだけなので会社にはお金が入ってきませんが、公募は会社に増資資金が入金されるので、キャッシュフローの改善策という意味では公募だけが役に立ちます。

ＩＰＯの目的は、その多くが資金調達、知名度の向上、社会的な信用アップを目指したものです。上場したら負わなければならない「さまざまな法令・ルールの順守」「ＩＲ・

法務・経理など管理部門充実のための「コスト増」などのデメリットと比べて、前者のメリットが勝つと判断したら上場準備に入ります。

もちろん、その会社の事業の成長性と収益性が高く魅力的なものでないと、上場しても株主が投資してくれず、株価は低く抑えられるので、上場する意味はありません。

前述した単なる増資では、経営者か同族関係者・知人などが株を引き受けますが、IPOは数多くの見知らぬ人たちが株主になります。したがって、会社を公に売ったと考えて、「マイカンパニー」ではなく「アワカンパニー」（株主などの利害関係者のための会社）にするという発想で経営していく覚悟が必要です。株主総会で数多くの株主からの鋭い質問にも答えなくてはなりません。

④ストックオプションを与える

これは新株予約権（株を決められた価格で会社から買える権利）のことをさしますが、取締役や社員などに報酬として与えておく権利を意味するケースがほとんどです。

未上場のときは社員にそれほど高い給料を支払えないので、低めの給与水準で抑えておく。その代わりにストックオプションを与え、上場後に株価が高くなったときにあらかじめ決められていた低い株価で新株を発行してもらい（自己株式を充てる場合もある）、市場で売って差額（利益）を得ることになります。社員にとってのインセンティブや忠誠心を高める材料となります。

ストックオプションは、「低めの給与水準で抑えておいて」という部分でキャッシュフローの改善策につながります。上場会社の場合も、ストックオプションを発行して社員のやる気を高めたり、自社の株価に興味を持たせるための策として利用するところも多いです。ここでは省略しますが、税制上の取り扱いには注意してください。

⑤クラウドファンディングを活用する

これもキャッシュフローの改善策として最近よく話題になります。インターネット上の「クラウドファンディング」と呼ばれるサービスを使って不特定多数の個人から小口資金を集める方法です。拙著『伸びる会社をつくる起業の教科書』（ダイヤモンド社）に書いたので参考にしてください。

第3章

ビジネスの現場で役立つ「会計数字」の使い方！

1 どのように売上を増やして利益を上げるか？

売上高を分解すると具体策が見える

会社が成長するためにいちばん大事なのは、どのように売上を増やして利益を上げるかです。この命題に頭を悩ませない経営者は1人もいないでしょう。

しかし、「売上を上げなきゃ」とただ漠然と考えているだけではよい方法は浮かびません。それよりも、売上をいくつかの要素に分解してみることが肝心です。**複数の要素に分解することによって、売上を増やす具体策が立てられるからです。**

売上高はどんな業種でも次の六つの方法でいくつにも分解できます。それぞれの算式に登場するキーワードは広い意味のＫＰＩ（重要業績評価指標）ですから、状況に応じて毎月、毎週、毎日の動きを数字でとらえることで、効果的な打ち手が見えてくるものです。ＫＰＩについては、第４章で詳しく説明します。

①売上高＝客数×平均客単価

そもそも売上というのはお客様に商品を売った対価なので、「客数」と「客単価」のかけ算で求められます。つまり、**客数を伸ばすか、客単価を上げるか、その二つを同時に実施すれば、売上は増える**ということになります。もちろん、二つを同時に実施するのがおすすめです。

たとえば、あるフランス料理店で1日の売上高が20万円だったとします。内訳は、ランチの客数40人×客単価1000円＝4万円、ディナーの客数20人×客単価8000円＝16万円です。ここでもし、集客のやり方やメニュー構成を工夫して客数と客単価がそれぞれ5％ずつ増えたとしたら、売上高はいくらになるでしょうか？

【ランチ】　客数42人×客単価1050円＝4万4100円
【ディナー】　客数21人×客単価8400円＝17万6400円

ランチとディナーの合計は22万500円となり、売上高は10％も増えることになります。

このように算式に表れている各要素を最適化していけば、売上を効率よく増やすことができるのです。
ちなみに、この算式はさらに次のように分解することもできます。

売上高＝客数×購買頻度×1購買あたり単価

こうした算式をもとに、たとえばチェーンの飲食店なら、各店舗でどうやって集客し、日々の回転率をどのように上げ、リピーターをどう増やすか、同時に客単価を上げるためにメニューをどう変更するかなどを検討することになります。

②売上高＝商品数×平均商品単価

この方程式が示すのは「売上高を伸ばすには、販売する商品数を増やしながら、商品そのものの平均単価を上げる」ということです。
たとえば、飲食店では定番メニュー以外に季節限定メニューを増やしたり、よく売れるメニューの関連商材を増やす、あるいは時間帯ごとにメニューと価格を変える、お客様の好みを聞いてプラスアルファのサービスをする、オーダーメイドでお客様のご要望に合わせた商品を作るなどの工夫をします。

③売上高＝市場全体の売上高×当社の市場シェア

「こんな計算、無茶だよ！」といわれそうですね。市場全体の売上高を算出するのが難しいとわかっていても、ぜひトライしてほしいのです。その数字をはじくときに、市場をどう定義し、どのように開拓し、シェアを拡大していくかを考えることそのものに意義があるからです。何度か数字を出し直しているうちに、しっくりくるときがきっと訪れます。

④売上高＝既存店売上高＋新規店売上高

チェーン店などで、月次の売上高を前年同月のものと比べるときによく使います。新しい店を出店すれば、当月の売上高は前年同月と比べて新規店の売上高分だけ増えているはずなので、新規店分は除いて「既存店売上高は前年同月比で103・5％となった」という分析が必要になります。既存店売上高が前年同月より増えたかどうかが、これからの業績を探る重要な指標になります。

この算式にかぎらず、既存顧客のリピート需要だけでなく新規顧客を増やしたいケース、新商品を拡充したいケースなど、「新規」の重要性が高い業界なら次の⑤〜⑥のような分解もできます。

⑤売上高＝既存顧客数×平均既存顧客単価＋新規顧客数×平均新規顧客単価

この算式は「既存顧客」のリピート率を上げて「新規顧客」をどうやって増やすか、ということに焦点を当てるためのものです。既存顧客は満足しているか、新規顧客を創りだす工夫をしているかを検討します。

⑥売上高＝既存商品売上高＋新商品売上高

お客様は既存商品だけではいつか必ず飽きてきて売上が落ちます。そこで毎年、新商品を売りだすことを考えます。そんなときにはこの算式が役立ちます。

メーカーで「来年度の新商品売上高比率は20％とする！」と決めたら、今年度の企画・開発段階からさまざまな準備を経て、新商品のための原材料仕入計画や製造計画を立てなくてはなりません。月次でその進捗度も測ってフォローする必要があるでしょう。来年度が終了したときに新商品売上高が20％に近ければ予想どおりということになります。

以上のように売上高を増やすというだけでも、これだけさまざまなアプローチがあります。自社の方針に合わせて分解の方法を変えてみてください。

2 儲けの出る売値をどうやって決めるか？

原価を積み上げて利益を加える

売上を最大化しようとすれば、商品・サービスの値決めがいちばんの決め手になります。売値がお客様にとって高すぎたら、商品の価値が高くても満足してもらえません。逆に、安すぎたら原価割れで損失となり、事業が続きません。お客様がその商品の価格と価値に満足し、需要と供給の釣り合うちょうどよい売値は一つしかないと思ったほうがいいです。それぐらい**値決めは経営の生命線となる問題**といえるでしょう。

料理人にとって、素材の味を最大限活かせる調理法はただ一つしかなく、それを創りだすために何度も何度も試行錯誤をくり返す、という話を聞いたことがあります。需要と供給が釣り合う最適な売値はそれに近いとぼくは思っています。

では、それをどうやって決めればよいのでしょうか？

図表18――マークアップ方式とは？

マークアップ方式

積み上げた原価に利益を加え（マークアップして）売値を決める方式

	積み上げた原価	1,000円
＋）	粗　　利	500円
	売　　値	1,500円

マークアップ率
50%

この結果、損益構造は次のようになります

	売上高	1,500円
ー）	売上原価	1,000円
	粗　　利	500円

粗利率
33.3%

　まず、売り手側の論理でいえば、商品の売値はその事業の損益構造によって決まります。その場合の売値の決め方は、**原価を積み上げてそれに目標利益を加える方式（マークアップ方式）が一般的です。**

　たとえば、3カ月後に売りだす新製品の原価が1000円だとすれば、それに500円の粗利をマークアップして（加えて）1500円を売値とする、という具合です。

　マークアップ率は、商品原価をもとに売値を決めるときの指標で、粗利を売上原価で割ったものです。この場合は50%となります。これに対して粗利率（売上高総利益率）は、結果的にどれくらいの粗利を稼げたかを表す指標で、粗利を売上高で割ったものです。売値（売上高）が１５００円で粗利が５００円とすると、粗利率は33・３％となります。

事業の損益構造とは、第１章で申し上げたようにその事業の損益の構成比のことで、収益と費用の関係を示すものです。たとえば、売上高１００、売上原価70、販管費20、営業利益10という構造だとします。ここで営業利益10を確保するためには粗利率30％（粗利30÷売上高１００）が必要ですから、最低限のマークアップ率は粗利30÷売上原価70＝42・９％ということになります。

ただし、原価に利益を乗せるやり方がうまくいかないことも少なくありません。その商品の市況、一般的な市場価格、業界相場価格、近隣相場価格などがあれば、それらからあまり外れた売値設定は難しいので、原価を積み上げてもそれほど利益が乗せられなかったり、原価を割る売値にせざるをえないこともあります。そんなときは原材料を見直したり、製造方法を変えたりして、何としてもコストダウンするしかありません。

マークアップ率は業界によっても大きく異なります。

貴金属や家具などは店頭での在庫期間が長く、催事やイベント以外ではたまにしか売れない商品なので、マークアップ率が高く設定されています。会社のブランド価値によって増額されることもあります。

また、研究開発費や広告宣伝費が多い医薬品や化粧品のマークアップ率は高く、そのため粗利率も高いです。

同じように、メガネも粗利率は高いです。原価率そのものは低いのですが、ウィークデーにはあまり売れず土日祭日にお客様が集中する商売のため、家賃や人件費などの販管費が多くかかります。そのためマークアップ率が高くなっていると見ることができます。

一方、日用品を扱う業界ではマークアップ率は低いです。価格競争が激しいので、毎日のように売値を変更しています。スーパー、ドラッグストア、通販などがそうです。インターネット通販の場合には、価格の検索ソフトが常時働いていて、つねに最低価格をつけているというサイトもあります。

売値を間違えると大変なことに！

売値の決め方は重要で、原材料費などのコストが上がってきたら売値を上げないと利益を確保できなくなります。値上げをどのようにお客様に理解してもらうかが大切です。

お客様が値上げの理由を理解するだけでなく、**その値上げによって品質や価値が上がったと認めた場合には、値上げ後も売れ行きはほとんど変わらないと思います。**したがって、そのような価値向上の努力をつねに怠らないことが大切です。

逆に、値下げに関しては原価割れのおそれがあるので、値下げのタイミングと値下げ額を慎重に検討しなければなりません。

「夕方5時半以降は半額」などという生鮮食品の見切り値下げ、土日祭日に限定した値下げ、価格改定による値下げなど、いくつかの形はありますが、売れ残って廃棄するよりは原価割れしても売り切る、という決断が求められる場面もあるでしょう。

元請会社にいわれた無理な価格のまま何年も受注しているとか、為替がよいときに決めた販売価格で取引してきたけれど最近では損失が出ている、などの話も耳にすることがあります。いくら元請けに対して弱い立場とはいえ、定期的に請負金額の見直しが必要なのではないでしょうか。交渉のタイミングを逃してはなりません。

別の事例ではこんなことがありました。

ある制作会社では、お客様の求めに応じてさまざまなデザインの販促物を作っています。

あるときお客様から「500万円の予算で、こんな感じのモノを作ってほしい」とざっくりした注文があり、それをもとに制作したのですが、完成品の引き渡し間近になってお客様からのダメ出しが相次ぎました。

はたして、500万円の売値は妥当だったのでしょうか？

この会社には原価を集計するシステムがありますが、作業日報の入力が不徹底なため人件費の割り振り計算がいい加減で、その仕事の正確な原価がわからなかったのです。

しかしその後、作業日報を毎日きちんと入力することで、ほぼ正確な原価がわかるようになりました。そこで先ほどのケースをあらためて調べてみると、原価は550万円でした。当初は実行予算430万円に70万円の利益を乗せて500万円で請け負ったのですが、何度もやり直したために人件費がかさみ、50万円もの赤字になってしまったのです。

これは大変、こんなことを許していたら会社はつぶれます。原価集計の大切さ、請負金額（売上高）を決めるときの予算案作り（採算計算）の重要性があらためてわかった事例でした。

3 売上をいくら上げれば目標利益に届くのか？

費用を変動費と固定費に分けてみる

売上と費用（売上原価と販管費）が釣り合って、ちょうど損益（営業利益）がゼロになる売上高を、損失と利益の分かれ目という意味で「損益分岐点」と呼びます。

費用をかけて商品を売って1円も利益が出ない代わりに、損もしない状態をそういいます。逆にいえば、**損益分岐点の費用がどんな状況になっているのかわかれば、売上をいくら上げれば営業利益がプラスになるかわかる**ということなのです。

ただ、ちょっと面倒なのは、損益分岐点を計算するには、まず費用を「変動費」と「固定費」に分けないといけないことです。

ふつうのPLと、損益分岐点を求めるPLを図解すると、図表19のようになります。

ふつうのＰＬは、まず売上高から売上原価を差し引いて「売上総利益（粗利）」を出し、そこから販管費を引いて「営業利益」を出します。

損益分岐点を求めるＰＬだと、まず費用（売上原価と販管費）を変動費と固定費に分けて、売上高から変動費を引いて「限界利益」を出し、そこから固定費を引いた残りが「営業利益」ということになります。

簡単にいえば、**「変動費」は売上に比例して発生する費用のことで、「固定費」は売上の増減に関係なく発生する費用です。**たとえば、ケーキ屋さんの材料費は売上が増えた分だけ必要になりますから「変動費」に、その店の家賃は売上がゼロでも発生するので「固定費」になります。

また、「限界利益」は売上高から変動費を引いたもので、１５０円の商品の変動費が１００円だとすれば、限界利益は50円になります。限界利益から固定費を引いたものが営業利益になるので、この金額が大きいほど利益に貢献できるということです。

変動費と固定費に分ける方法はいくつかありますが、あまり難しく考えずに科目の性格によって分ければいいと思います。

たとえば小売業や卸売業では、外から仕入れた商品（売上原価）はすべて売上高に比例

図表19——損益分岐点を求めるＰＬはここが違う

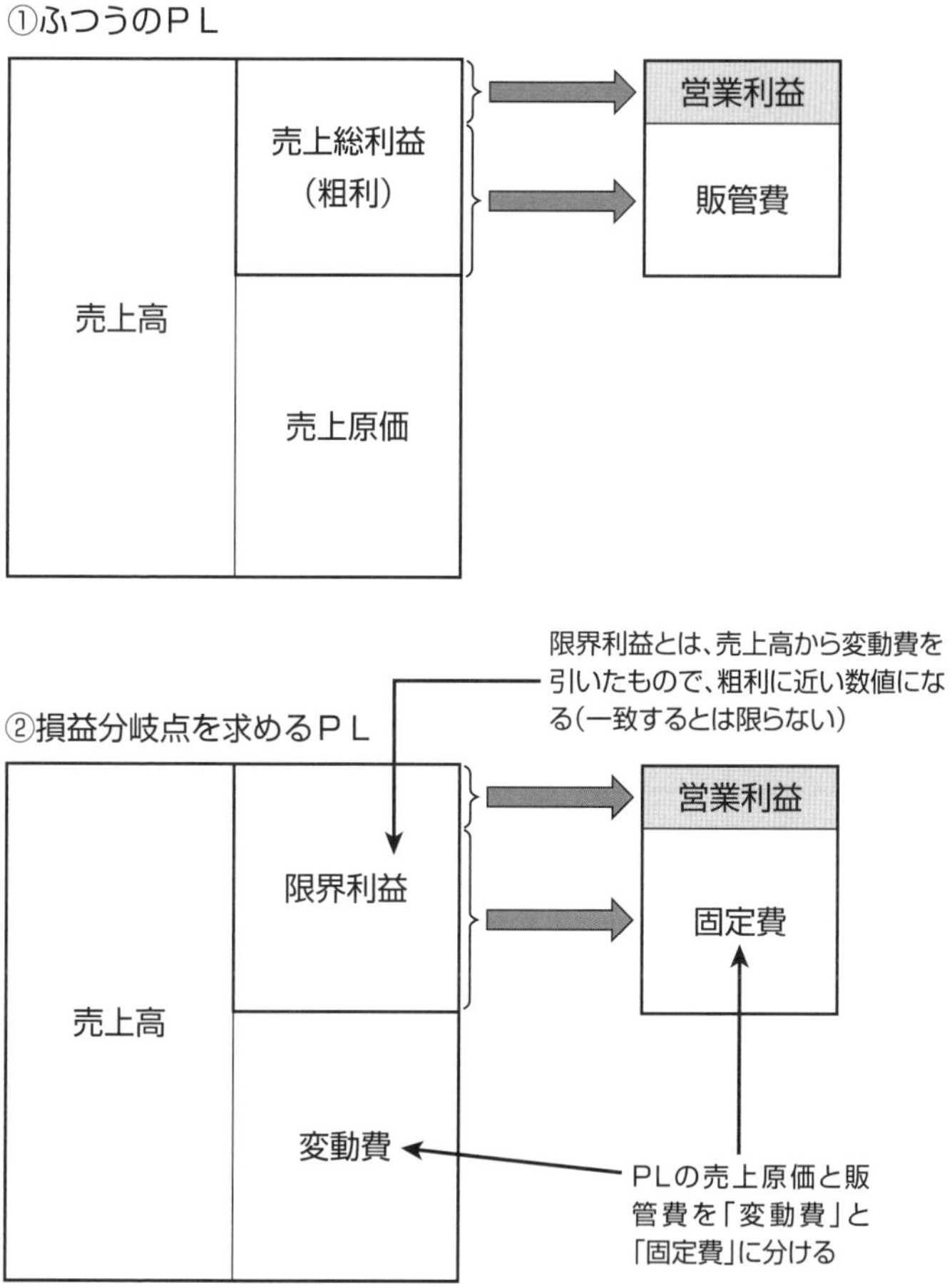

図表20——変動費と固定費の比率は業界ごとに違う

	科目名	構成比（%）		
		変動費	固定費	合計
小売業・卸売業	売上原価	100	0	100
	販管費	10	90	100
製造業・飲食業	売上原価	70〜80	30〜20	100
	販管費	10〜20	90〜80	100

注：あくまでイメージを示したものです

しますから変動費と考えます。次に、販管費のうち荷造運賃、配送料、販売手数料、販売促進費などの売上に比例する費用は変動費で、それ以外の人件費、減価償却費、家賃、賃借料、リース料、設備費などは固定費とします。

製造業や飲食業では、売上原価のうちの原材料費と外注費、販管費のうちの荷造運賃、配送料、販売手数料、販売促進費などは変動費と考えます。それ以外、つまり原価のなかの労務費と製造経費、販管費のなかの人件費、設備費等は固定費と考えます。

一般的には、人を雇ったり、部屋を借りたり、設備を維持するための費用は、売上がゼロでも発生するので固定費と考えます。ただし、アルバイトの人件費は売上に比例する部分があれば変動費ととらえるべきでしょう。「アルバイト人件費の半分を変動費とする」などと割り切って決めればよいと思います。

変動費と固定費の比率は、会社の損益構造、業種・業態によって相当な違いがあるとは思いますが、ぼくの大ざっぱなイメージを申し上げると図表20のようになります。

損益分岐点を求めるには?

さて、ここで費用を変動費と固定費に分けたとすると、どうすれば営業利益がゼロになる点、損と益が一致(分岐)する売上高を出すことができるでしょうか?

算式を展開して損益分岐点の売上高を求めると、次ページの図表21のようになります。数学ではなく算数の計算なので、いやがらずにチャレンジしてみてください。

なお、経営計画などで目標利益を決めている場合は、この算式にちょっと工夫するだけで、それに届くための売上高を計算することができます。分子の固定費(F)に目標利益(R)を加えればよいのです。

算式は次のようになります。

S=(F+R)÷(1-V÷S)

たとえば、あるメーカーの固定費が1億5000万円、目標営業利益が3500万円で

図表21——損益分岐点を求める

1	それぞれ以下のように記号を決めます 売上高＝S　変動費＝V　固定費＝F

⇩

2	損益分岐点は損益がゼロになる売上高なのでこうなります S－V－F＝0

⇩

3	Fを右辺に移動します S－V＝F

⇩

4	両辺をSで割ります （S－V）/S＝F/S

⇩

5	左辺を展開します 1－V/S＝F/S

⇩

6	左辺全体と右辺の分母を入れ替えます S＝F/（1－V/S） これが損益分岐点を求める算式です なお、右辺の分母のV/Sは変動費率のことで、分母全体の1-V/Sは限界利益率となるため、固定費を限界利益率で割ったものが損益分岐点になります

⇩

7	記号をもとに戻すとこうなります $\text{損益分岐点の売上高} = \dfrac{\text{固定費}}{1 - \dfrac{\text{変動費}}{\text{売上高}}} = \dfrac{\text{固定費}}{1 - \text{変動費率}} = \dfrac{\text{固定費}}{\text{限界利益率}}$

変動費率35％だったとして、この式に当てはめると「損益分岐点の売上高＝（1億5000万円＋3500万円）÷（1－0・35）」となり、損益分岐点は約2億8500万円となります。

ここで問題です。次ページの図表22をご覧ください。

【問題】A社は変動費率30％で固定費5000万円、目標利益1000万円です。B社は変動費率70％ですが、固定費と目標利益はA社とまったく同じです。それぞれの損益分岐点を計算してみてください。

答えは、A社が約8600万円、B社が2億円となります。

A社は変動費率が30％と低く、限界利益率（1－変動費率）は70％ときわめて高いので、目標利益に届く売上高も8600万円と低くて済みます。反対にB社は変動費率が70％と高く、限界利益率は30％ときわめて低いので、目標利益に届く売上高は2億円と高くなってしまいます。どんな商売だとしても、この構造で売上を上げるのは大変ですね。

図表22——A社とB社の損益分岐点はどう違う？

（万円）

	A社	B社
変動費率	30%	70%
固定費	5,000	5,000
目標利益	1,000	1,000

⇩

目標利益に届く損益分岐点	8,600	20,000

上記を損益計算書に表すと以下の通りになります

売上高	8,600	20,000
変動費	2,600	14,000
限界利益	6,000	6,000
固定費	5,000	5,000
営業利益	1,000	1,000

結果的に営業利益率は次のようになります

売上高営業利益率	11.6%	5.0%

いま出てきた「限界利益率」とは限界利益を売上高で割ったもので、粗利率（売上高総利益率）と近い数値です。大ざっぱには粗利率と置き換えて考えてよい場合もあります。

「粗利率をいかに高くするか」ということと「固定費をなるべく低くする」ということが、目標利益を上回る売上高を達成するために大切なのです。このようなことが損益構造の違う二つの会社の比較でわかります。

4 商品の値引きはいくらまで許されるのか？

値引率の表を作って計算してみる

売上を増やすためには、適正な原価をかけてお客様が喜ぶ商品を作り、販管費をかけてうまく売る必要があります。売上高から売上原価と販管費を差し引いて営業利益が出ればよいのですが、そうでなければ赤字となり、お金が回らなくなります。どんな商品にも鮮度があるので、売り切るためには値引きが必要なこともあります。

では、商品の値引きはいくらまで許されるのでしょうか？

商品の売値が、売上原価と販管費を引いてある程度の営業利益が出るような金額、つまり134ページで述べたマークアップされた金額に設定されていれば、営業利益がゼロになるような金額までの値引きは許されるでしょう。しかし、それを超えて値引くと赤字になります。値引きを検討するときは、図表23のような表を作るとわかりやすいと思います。

図表23——値引きは何パーセントまで許されるのか？

PL	値引率							
	0%	10%	15%	20%	25%	30%	40%	50%
売上高	120	108	102	96	90	84	72	60
変動費	60	60	60	60	60	60	60	60
限界利益	60	48	42	36	30	24	12	0
固定費	30	30	30	30	30	30	30	30
営業利益	30	18	12	6	0	-6	-18	-30
変動費率	50%	56%	59%	63%	67%	71%	83%	100%
限界利益率	50%	44%	41%	38%	33%	29%	17%	0%
営業利益率	25%	17%	12%	6%	0%	-7%	-25%	-50%

注：25%までに値引きを止めておかないと営業利益は出ませんが、固定費は別の商品で回収できると見込めるなら、限界利益がゼロになる50%の値引きまでは可能です

表からもおわかりのように、この例では営業利益がゼロになるのは25％の値引きで、限界利益がゼロになるのは50％の値引きです。どこまでの営業損失を覚悟して値引いてでも売り切るか、難しい判断ですね。

以前、こんなことがありました。

ぼくの事務所の近くにおいしいイタリアンの店があります。シェフがイタリアの料理店で修行してきたそうで、料理はどれもおいしいのですが、値段が高い。それに、わりと不便な場所にあります。ということで、いつ行っても2～3割の席が空いていました。

ところが、半年ほど前から様子が一

変しました。メニューの値段が1~2割下がってからというもの、なかなか予約が取れません。ほぼ毎日満席で、夜は2回転しているようです。

この例で見るように、売値を1~2割下げても客数が3割くらい増えていれば、アルバイトを増やした費用と原材料費アップを勘定に入れても、利益は十分増えているはずです。値下げが売上アップにつながった好例です。

変動費の計算をモノサシにする

値引きがいくらまで許されるかを判断するモノサシとしては、変動費の計算が役に立ちます。たとえば売値1000円、変動費400円、限界利益600円の商品が、ふだんは毎日50個売れているとしましょう。この売値を半額の500円にすると、2倍の100個売れると仮定します。このときの損益はどうなりますか?

[値引き前の限界利益] (売値1000−変動費400)×50=3万円
[値引き後の限界利益] (売値500−変動費400)×100=1万円

なんと、半額に値引きすると限界利益が3万円から1万円になり、2万円も減ってしまいます。半額にして同じ利益の3万円を稼ごうとすると300個も売らなくてはなりません。値引きはしないほうがよいという結論になります。

ただし、毎日50個作っているものを100個に増やすとボリュームディスカウントで変動費（材料費）が200円に下がるとすれば、（500－200）×100＝3万円という限界利益が得られます。もっとも、現実にはそのようなコストダウンは難しいでしょうから、やはりこのケースでは半額に値引かないほうがよさそうですね。

航空会社、映画館、旅館・ホテル、レストランなどの業種では、とくに空席を作ることを嫌います。空席を作るということは、お金を得る機会を失うということです。さらに悪いことに、空席になっても費用（ほとんどは固定費）はかかっています。

そのため、多くの席が埋まっていて正規料金を得ているなら、「〇〇割引」「〇〇特典」「ポイント値引」などと称して、いろいろなパターンで料金を下げてでも空席を埋めるべきなのです。何割以上の席が埋まっていればよいかは、それぞれの会社で損益分岐点を計算して判断するとよいでしょう。

そのほか、値引きが必要なものに生鮮食料品や季節商品があります。保存・保管が許されないので、鮮度が保てる期間内で売り切ってしまわなければなりません。売れない在庫を抱えるよりは早めに処分して現金化する必要があります。生鮮食料品には「タイムセール」がつきものですし、季節商品なら来シーズンも売れそうな定番品（そんな商品があればですが）を除いてバーゲンセールをします。

もちろん、正常な利益の見込める定価で売ることが何より大切なので、販売チャネル、販売方法、販売数量、広告宣伝方法、包材の工夫など、一つひとつ見直してみることをおすすめします。

なお、不当な値引き（不当廉売）は独占禁止法で禁じられていますので注意してください。採算を度外視した安売りでお客様を獲得しようとするのは、適正な競争を乱すということなのです。正当な理由がなければ、異常な値引きはやめましょう。

5 支払いに不安のある顧客に商品を売るか？

無理な受注は資金繰りが苦しくなる

新しい顧客から大口の仕事を依頼されたものの、先方からの支払条件がよくない。こんなときに仕事を引き受けるかどうかは悩ましい問題です。

具体例を挙げましょう。

A社はふだん、1台数万円の製品から、高くても数台で100万円程度の製品を受注して製造しています。ところが、新規の取引先から総額5000万円の製品を発注されました。それも、販売した翌々月から毎月500万円ずつ分割払いするという条件付きです。

A社のふだんの回収条件は、50万円までは「翌月末現金振込み」、それ以上は「翌月末までの手形支払い（サイト2カ月）」です。今回の回収条件はこれを大幅に超えています。はたして仕事を受注すべきでしょうか？

この場合、論点は三つあります。

一つめは、新規の取引先なので「信用判定」をしなくてはなりません。取引相手が上場会社や、信用調査のデータで信用度が高ければ販売してもよいことになりますが、そうでなければ個別の調査が必要です。

その会社に出向いてどんな営業状況かを視察する、責任者と面談する、ホームページをチェックする、過去に問題がなかったかをインターネットで検索するなど、さまざまな角度から確認するようにしましょう。買った製品を自社で使うのか、それともどこかの会社(国)に転売するのかもヒアリングすることです。

二つめは、初めての取引でいきなり大口というのも問題です。何度も取引があって少しずつ増えていったのなら、5000万円の回収見込みも判断できるでしょうが、そうでなければ判断がつきません。

三つめは回収条件です。ふだんの回収条件にしたがえば「翌月末までの手形支払い(サイト2カ月）」となり、今回の条件に比べると、販売月から4カ月後以降の分割払いの総額4000万円が例外となります。

そもそも「得意先からの回収条件」を決めておくのは、「仕入先への支払条件」とのバランスをとるためです。回収期間が短く、支払期間が長ければ資金繰りはラクになりますが、逆だと相当に苦労します。

この例外部分の4000万円は明らかに資金繰りに悪い影響を与えるので、運転資金を借り入れることになるかもしれません。だとすると、銀行に支払う利息相当の金利を設定して、分割払いのときに取引先に請求すべきでしょう。

貸し倒れを防ぐための解決策

すべての論点の解決策としては、こんなことが考えられます。

この顧客に対する「与信枠」を責任者との面談、信用調査や実地調査などによって1000万円と決めたとします。その場合は、まずは1000万円分の製品を作って納品します。そして実際に翌月末に現金回収できたら、その翌々月初に次の1000万円分を納品する。こんな具合に5回に分けて納品するという方法をとります。

貸し倒れになったら元も子もありませんから、どんな形で納品し、回収条件をどうするかを細かく決め、契約書を交わしたうえで取引するようにしてください。

もしあなたの会社で100万円の売掛金が回収できずに貸し倒れになったら、いくらの売上があればその損失を取り戻せると思いますか?

粗利率が20%だと仮定すると、単純に考えれば「100万円÷0・2=500万円」の売上が必要ということになります。しかし、それで損失を穴埋めできても、会社全体の売上高経常利益率は貸し倒れする前より下がってしまいますから、損失を完全に取り戻したことにはならないのです。

詳しい計算は省略しますが、**たとえば売上高5000万円、粗利率20%、売上高経常利益率9%の会社では、909万円の売上を上げないと100万円の貸し倒れ損失を取り戻せません。**驚くべきことです。いかに与信管理が大事なのか、おわかりいただけると思います。

6 費用をいかに減らして利益を上げるか？

これがコストダウンの具体策

利益を上げるには、売上を増やす努力をするだけでなく、費用（売上原価や販管費）をいかに減らして利益を出しやすい損益構造に変えるかが大きな課題です。利益に結びつかない費用が気づかないうちに増えていくのはよくあることです。

一般的なコストダウンの方法は、**売上原価や販管費のあらゆる科目と金額を書きだすことから始めます**。これは月次試算表から抜きだすだけで簡単にできます。科目の具体的な内容と12カ月分の金額推移を見ていくと、いろんな気づきがあります。

メーカーなら製造コストと販管費の内容について、小売・卸売業なら仕入原価と販管費の内容について、次のような観点で細かくチェックしていきます。

●それぞれの科目がどのように売上・利益に役立っているか？
●それぞれの科目の金額が効果と比べて妥当かどうか？
●何の役にも立っていないムダな費用が発生していないかどうか？

これらの作業が終わったら、コストダウンの具体的な対策をとることになります。具体策には次のようなものがあります。

●仕入先や取引先と値引き交渉をしたり、取引を中止したりする。
●原材料の調達先をできるだけ少数に絞る。それとともに、「仕入ロットを増やしたら単価は下がるか？」「それは在庫の費用負担との関係で問題ないか？」「製造方法を変えたら安い原材料に変えられるか？」を検討する。
●いくつも種類がある製品の製造工程で、基本設計や部品を共通化する。
●仕損《しそん》じ品を再生して原料として投入できないか、別の製品に使えないか検討する。
●間接材・副資材・事務用品については、コスト削減と予算管理の徹底を目的とした購買管理システムを導入する。各支店・各事業所・各関連会社でバラバラの仕入先に発注していた同一品の発注を、最安値の仕入先に統一する。

●技術革新（新技術の導入、違う作り方、違う原材料）はできないか、あらゆる製造工程や業務プロセスを見直して適用できるところを探す。
●販管費のなかで不要不急の支出をやめる。たとえば、中元・歳暮をやめる、取引先との会食を最小限にする、夕食以降の接待をやめて昼食会か朝食会に変更するなど。
●汎用品については、現在の取引先と値引き交渉するか、最低2社以上に声をかけて競争入札する。
●会議ではプリントアウトした用紙を使わない。
●コピー機の使用を制限するために、どの課で誰が使ったかわかるようなカウンターをつける。コピー機そのものの台数を最小限まで減らす。
●不要な投資有価証券を売却する。
●生命保険の契約を見直して、ムダなものを解約する。
●遊休土地・建物を売却する。
●ムダな賃借スペースはないかチェックする。遊休賃貸物件を返却する。
●費用対効果の低い広告宣伝をやめる。
●口座振替で支払いが続いているもののなかで、使用していない取引を中止する（調べてみるとよくわかるが、これが意外と多い)。

● 旅費交通費をすべて見直す。顔をつきあわせたコミュニケーションは大事だが、毎回集まる必要があるのか、テレビ会議や電話会議で済ませられないかを検討する。

● 会議費を抑えるために、もっと短時間で結論を出せないか。すべての参加者の人件費をもとに、会議費の価値を金額に換算してみる(やってみると、びっくりする)。

● 社会保険料の削減コンサルティングを導入する。給与支給額を変えることなく、個々人の社会保険料のみを適正値に変えて削減する。

● 従来の企業年金制度をやめて、選択制確定拠出年金制度に移行する。

まだまだたくさん出てきますが、無理強いするような命令や交渉は避け、血の通ったコストダウン、つまり担当者や取引相手の納得を得るように心がけてください。無理強いすると一時的には削減できても、そのうち復活します。

購買や支払いのプロセスを見直してみる

社内には多くのムダがあり、コストダウン以前の問題として解決しなければならないこともあります。**よく見かけるのが、購買や支払いの間違いです。**

ぼくの経営コンサルティング先などで、買掛金に異常な残高があるような場合に、商品の仕入プロセス（発注→納品→検品→仕入計上→請求→支払い）を調査することがあります。そこで発見されるのが、請求書の計算が間違っていたり、契約単価違いや値引きもれで支払いを続けていたりするケースです。

仕入先から間違って二度も請求書が来ているのに、そのとおりに重複して支払っているケースもありました。何年にもわたって仕入先との違算（仕入先からの請求額と社内の仕入計上額が異なること）が多額に残っていたケースもあります。ありえないと思うでしょうが、じつに多くの会社でいろんなケースを目にしてきました。

このような場合は、一つずつ原因を突き止めて、できるだけ早く解決しなければなりません。時には仕入先との交渉も必要になるでしょう。過去の出来事なので訂正に応じてもらえないことも多いですが、粘り強く交渉することです。

こんなときこそ購買や支払いのプロセスをすべて見直してみてはどうでしょうか。そして、どの時点でどの担当者の作業をどうチェックすれば間違いが防げるかを考え、承認や相互チェックの手続きを業務の流れに入れるようにしてください。

7 人の採用タイミングと人件費をどうするか？

雇ったあとに採算がとれるかどうか？

人を雇うときは、雇ったあとに採算がとれるかどうかの判断が必要です。人を採用することで売上が増えて、人件費をかけてでも利益が残ると予測できれば、採用しようということになります。

最初のうちはアルバイトか人材派遣で実験的にというケースが多いかもしれません。そのうち、それだけでは手が足りないし忠誠心も育たないということで、本格的に正社員を採用するという段階に進みます。

いずれにしても経営計画と連動する採用計画を立てて、実行に移すことになります。たとえば次のような具合です。

「2016年9月から売上高を前年同月比10％増大させる。この計画を達成するために6

月から営業職2名と事務職1名を雇う。1人あたりの平均月収35万円として、社会保険料・福利厚生費・賞与引当金・退職給付費用などを含めて45万5000円×3名＝136万5000円を毎月の人件費に6月から予定で追加計上する」

これで目標とする営業利益が出るようなら採用活動に入りますが、出ないようなら人数を減らして調節することになります。

人材をコストの観点からとらえ直す

続いて、人材をコストという観点からとらえ直してみましょう。

最初に気づくのは、**売上高の変動にかかわらず発生する固定費のなかで最大なるもの、それが人件費**ということです。人を採用すれば固定費が膨れますから、次の二つの視点で考えることが大切です。

一つめは、**人件費は固定費ですから、売上がゼロでも発生する**ということです。この当たり前のことが、経営上のいちばんの悩みなのです。

ソフトハウス、派遣会社、デザイン制作会社のように、人の働きに応じて売上が増えたり減ったりする事業では、いかに毎月平準的に仕事を取ってきて全社員に平準的に仕事をしてもらえるかが勝負です。とくに、繁忙期と閑散期の仕事量の差が大きいと、毎月の売上や利益が大きく変動し、資金繰りや労務管理が難しくなります。

一方、小売業や飲食業などの客待ち商売の場合は、売上が増えそうな時間帯にうまく接客担当者を配置する、つまりアルバイトや短時間勤務正社員などの人材を確保するということが成功のカギになります。

二つめの視点は、ひとくちに人件費といってもいろいろな経費が含まれていて、**人件費全体では直接本人に支払われる給料の何倍かに上る**ということです。

具体的には、人件費のなかには役員報酬、給料手当、社会保険料（会社負担分）、労働保険料、福利厚生費、従業員退職金、退職給付費用、派遣人件費などが含まれています。

そのため、たとえば「主任クラスの人材には、月35万円を支払っている」と考えていても、社会保険料などが相当かかっているため、実際には50万～60万円は人件費がかかっています（退職金制度や教育研修制度の差があるので単純にはいえません）。

給料を受け取る本人にしても、銀行に振り込まれるのは給与総額から所得税・地方税や社会保険料（個人負担分）、その他の天引き分を差し引いた金額なわけで、本人はあくまで手取り額しか念頭にありません。額面金額はあまり気にしていないのです。

一方、経営者はその額面金額の1・3～1・7倍ほどの人件費を意識して経営しなければならず、じつにつらいです。「親の心、子知らず」とは人件費のことをいった諺《ことわざ》だと思いたくなります。

もっといえば、人件費以外にも人を雇うとかかる費用は多いです。たとえばパソコンやソフトなどの使用料、事務所家賃など毎月発生する費用のほか、人材採用費、教育研修費などもかかっています。全部合計すると、給料（額面金額）の2倍程度はかかっているケースもあるでしょう。

なお、社員1人あたりの家賃は、正確には1人で占有している面積で計算できますが、大ざっぱには全体の事務所家賃、火災保険料、リース料などの設備費合計を社員数で割れば簡単に計算できます。

利益を社員にどのくらい配分するか？

さて、単純に給料を払うといっても、給料総額でいくらまで払えるのでしょうか。高校や大学新卒の相場もあるでしょうが、会社によっても支払い能力に差があります。

一般的にいえば、売上・利益の大きい会社ほど給料水準は高いです。少し難しい表現をすると、売上高人件費比率、1人あたり付加価値額、付加価値比率、労働分配率がどれも高い会社は、1人あたり労務費・人件費が相対的に高いといえます。

では、会社が1年間の活動をとおして稼いだ利益は、だれにどれくらい配分するべきでしょうか?

全社員が働いて生みだした利益とはいっても、経営者や社員だけで分けるわけにはいきません。利益のすべてが労働の対価ではないからです。

お金を出資してくれた「株主」にも配当という分け前が必要ですし、「会社」自身にもこれからの成長に備える資金を残しておかなくてはなりません。そのため、「社員(役員を含む)」「株主」「会社」の3者にどう配分するかと考えればよいのです(実際には「税金」にも配分することになります)。

図表24は、新規上場(IPO)した売上規模の小さい3社を選び、付加価値額(人件費と税金を引く前の利益)が人件費にどのように配分されているかを計算したものです。**会社の付加価値のうち人件費の占める割合は「労働分配率」と呼ばれていて、適正な人件費**

図表24――利益の何割を社員に配分しているか?(IPO3社の例)

(万円)

科目名など	算式	A社	B社	C社
		サービス業	サービス業	水産農林業
売上原価に含まれる労務費	①	0	63,478	74,908
販管費に含まれる人件費	②	39,804	53,920	25,283
人件費合計	③=①+②	39,804	117,398	100,191
税引前利益	④	17,687	117,652	25,755
人件費及び税引前利益	⑤=③+④	57,491	235,050	125,946
社員への分け前	**⑥=③÷⑤**	**69%**	**50%**	**80%**
法人税・住民税・事業税	⑦	7,784	48,804	5,596
税金への分け前	**⑧=⑦÷⑤**	**14%**	**21%**	**4%**
配当金	⑨	0	9,606	889
株主への分け前	**⑩=⑨÷⑤**	**0%**	**4%**	**1%**
配当金控除後の当期利益	⑪=④−⑦−⑨	9,902	59,242	19,270
会社への分け前	**⑫=⑪÷⑤**	**17%**	**25%**	**15%**

参考	売上高(万円)	134,918	806,733	372,386
	売上高経常利益率(%)	13.1	14.7	7.0
	グループ全体の従業員数(人)	59	324	197
	親会社従業員の平均年間給与(万円)	570	515	345

注:3社は2011~2013年に新規上場した会社で、数値は上場申請時のものです

を求めるときの指標としてよく使われています。

A社、B社、C社はそれぞれの付加価値から69%、50%、80%を社員（人件費）に配分しています。3社の労働分配率は付加価値の半分かそれ以上と高く、その代わり会社に留保した利益の割合は少なかったです。

続いて次ページの図表25は、『平成25年調査 中小企業実態基本調査に基づく中小企業の財務指標』（中小企業診断協会編、同友館）から三つの業種を選び、平均値を使って同じように計算したものです。

先ほどの3社は新規上場会社なので売上高経常利益率は相当高いですが、中小企業は赤字のところも多く、売上高経常利益率はかなり低くなっています。そのため労働分配率は高くなると予想はしていましたが、総合工事業93%、情報サービス業93%、飲食業96%と想像以上に高いのに驚きました。総じていえば、付加価値の9割以上の金額を社員に配分しているということです。

読者のみなさんも、自社の利益がどのように「社員」「税金」「株主」「会社」に配分されているのかを計算してみると、「こんなにも社員に配分しているのか？」と驚くような

図表25——利益の何割を社員に配分しているか？（中小企業の例）

（万円）

科目名など	算式	総合工事業	情報サービス業	飲食業
売上原価に含まれる労務費	①	2,316	3,329	103
販管費に含まれる人件費	②	1,930	4,399	2,835
人件費合計	③＝①＋②	4,246	7,728	2,938
税引前利益	④	324	579	128
人件費及び税引前利益	⑤＝③＋④	4,570	8,306	3,066
社員への分け前	**⑥＝③÷⑤**	**93%**	**93%**	**96%**
法人税・住民税・事業税	⑦	173	233	54
税金への分け前	**⑧＝⑦÷⑤**	**4%**	**3%**	**2%**
配当金	⑨	0	0	0
株主への分け前	**⑩＝⑨÷⑤**	**0%**	**0%**	**0%**
配当金控除後の当期利益	⑪＝④－⑦－⑨	152	346	74
会社への分け前	**⑫＝⑪÷⑤**	**3%**	**4%**	**2%**

参考	売上高（万円）	26,728	16,876	9,385
	売上高経常利益率（%）	1.6	3.5	1.2
	平均従業員数（人）	11.4	17.5	17.8

注1：下記資料には配当金の記載がなく、実際に中小企業で配当している会社は非常に少ないので、配当金はゼロで計算しました

注2：数値の出典『平成25年調査　中小企業実態基本調査に基づく中小企業の財務指標』（一般社団法人中小企業診断協会編、同友館）

結果が得られるのではないでしょうか。

利益増と給料アップは両立できる

経営の目的が利益の最大化だとすると、それに真っ向から対立するのが給料のベースアップ（人件費増加）です。単純に考えても、人件費が増えた分だけ利益が減る計算になります。利益と人件費の同時増加こそ二律背反で、経営の永遠の課題なのかもしれません。

ただ、アルバイトや契約社員の正社員化を進めたり、給与体系を変えて待遇を手厚くすると、社員のやる気が高まったり、定着率の増加につながり、顧客サービスの質も上がり、やがては売上・利益が増えるきっかけになるのは事実です。

二つの目的がたがいに矛盾すると考えるのではなく、同時に達成しようとしていろいろな策を実行すれば、必ず両立できると思います。経営者ならば、給与体系の整備と定期的なベースアップを真剣に検討してほしいものです。

給与体系の整備には人事評価の基準も必要で、2〜3年かけてじっくり取り組む重要な経営課題です。会社の将来がかかっています。

8 在庫を減らすべきか、増やすべきか？

在庫に対する見方は部署ごとに違う

在庫が少ないとすぐに欠品して売り逃しにつながり、在庫をもっと増やしておくべきだったと反省することがよくあります。

反対に、在庫が多すぎると作りすぎ（仕入れすぎ）のムダを生み、やがては不動在庫↓滞留在庫↓不良在庫に名前を変えていきます。こうなると含み損を抱え、キャッシュフローにも悪い影響を及ぼすことになります。

適正在庫としてどれくらいの数量・金額が妥当なのかを検討し、生産（仕入）調整とリンクした在庫管理を行わなければなりません。

販売チャネルが直営店一つなら在庫管理もやりやすいのですが、フランチャイズ・百貨店・問屋への卸売、通信販売、アウトレットなど多くのチャネルに在庫があると、どこにどれくらいの流通在庫（当社では売上済みの在庫だとしても、それらを含めて）を持っているのか、売れ筋在庫や死に筋在庫がどれくらいあるのか、返品のリスクはどの程度かなどをつねに把握しておくことが必要です。予期せぬリスクが隠れていることがあるからです。

適正在庫量を検討する場合は、社内の部門によって在庫に対する見方が違うこともあるので注意しなくてはなりません。そもそも事業活動の入口から出口までの業務をいくつもの部門に分けて分業している以上は、在庫を減らすべきか増やすべきかで部門間の意見が対立するのは当たり前なのです。

そうした意見の対立は、部門ごとのミッションが異なるところに原因があります。

製造部は、予算を作ったときの計画どおりに効率的に製造したい、操業度を安定させたいと考えます。

営業部は、売れない死に筋在庫については放っておいて、売れ筋在庫については製造部にすぐにでも追加生産してほしいと訴えます。

経理部は、在庫回転期間（在庫が売上高の何カ月分あるかを測る指標）が決められた基準値を超えていると、「在庫を減らしてください」と製造部や営業部に依頼します。不動在庫や滞留在庫にも気を配り、値引きしてでも早く売り切って資金を回収するか、売れなければ廃棄してほしいと依頼します。経理部のミッションはキャッシュフローの安定化や流動化なので、在庫は「お金が寝ている状態」にしか見えないのです。

社内で意見が対立するのは不正や誤りを防止するためによいことですが、その対立の先の合意がなくてはビジネスは前に進みません。「正」論があり、それに対立する「反」論が出てきて、正論の弱点が補われたのち、より質の高い「合」意ができ、その合意のもとで行動するという**「正・反・合」のプロセス**がとても大事です。なかでもよいのは、議論に参加した人たち全員がこの議論を聞き、理解することによって全員の納得感が高まることです。人は納得すると行動が早いものです。

在庫が増えると税金が増える

単純に在庫金額の増減のみに焦点を当てると、**期末在庫が増えると利益の増加につながり、税金を予定より多く支払うことにもなるので注意してください。**

図表26に簡単な例を示します。

図表26——期末の在庫が増えると税金が増える？

（万円）

PL	パターンA		パターンB	
売上高		10,000		10,000
売上原価				
期首の商品在庫	540		540	
商品仕入高	6,180		6,180	
期末の商品在庫	470	6,250	570	6,150
売上総利益（粗利）		3,750		3,850

⇩

期末在庫が100万円増えると粗利も100万円増える計算になり、その結果、税金を多く支払うことにもなる

パターンAとパターンBでは売上高、期首の商品在庫、商品仕入高は同じですが、期末の商品在庫だけが違います。どんな在庫が残ったのかは別にして、BはAよりも在庫が１００万円多いというだけで、売上総利益（粗利）も１００万円多くなります。その影響が税引前利益まで続けば、支払う税金はBのほうが30万〜40万円も高くなります。

絶対にあってはならないことですが、上場会社の不正経理のやり方で多いのが、架空の売上計上、コストの繰延計上（翌期以降にコストだけをずらす）と並んで、在庫の水増し計上、在庫の評価損の未計上という在庫がらみの不正です。

会計監査の目をくぐり抜けたとしても、2～3年経つと余分な利益計上のための税金支払いがボディブローのように効いてきたり、売上や在庫の水増し計上によって発生した滞留債権や滞留在庫の説明がつかなくなってきます。キャッシュフローも不自然になります。そこで粉飾が発覚し、巨額の損失を計上して上場廃止なんて例もよくあります。

過去の数々の粉飾決算事件を見るまでもなく、不正経理はいつかは必ず暴露されるものです。倫理観あるビジネスパーソンなら絶対に手を染めないはずです。

第4章

目標達成のために「会計PDCA」を回そう！

1 会計思考でＰＤＣＡを回すのが目標への近道

ＰＤＣＡを回すときに自問すること

経営には、こうすれば必ず成功するという正解はありません。名経営者といわれる人たちも、試行錯誤をくり返して成果を上げています。逆にいえば、試行錯誤をくり返すことが正解への道なのだと思います。

では、どのように試行錯誤をすれば、効率よく目標に近づけるのでしょうか。その方法が、愚直にＰＤＣＡを回すということです。

図表27のように、ＰＤＣＡサイクルとは**計画**（Plan）して、**実行**（Do）して、計画値と実績値の差を**検証**（Check）して、その結果を**改善**（Action）して成果を高めていくマネジメントの方法です。ＰＤＣＡサイクルは一度回したら終わりではなく、次のサイクルにつながるので終わりがありません。つねにグルグル回していくのです。

図表27——PDCAをグルグル回す

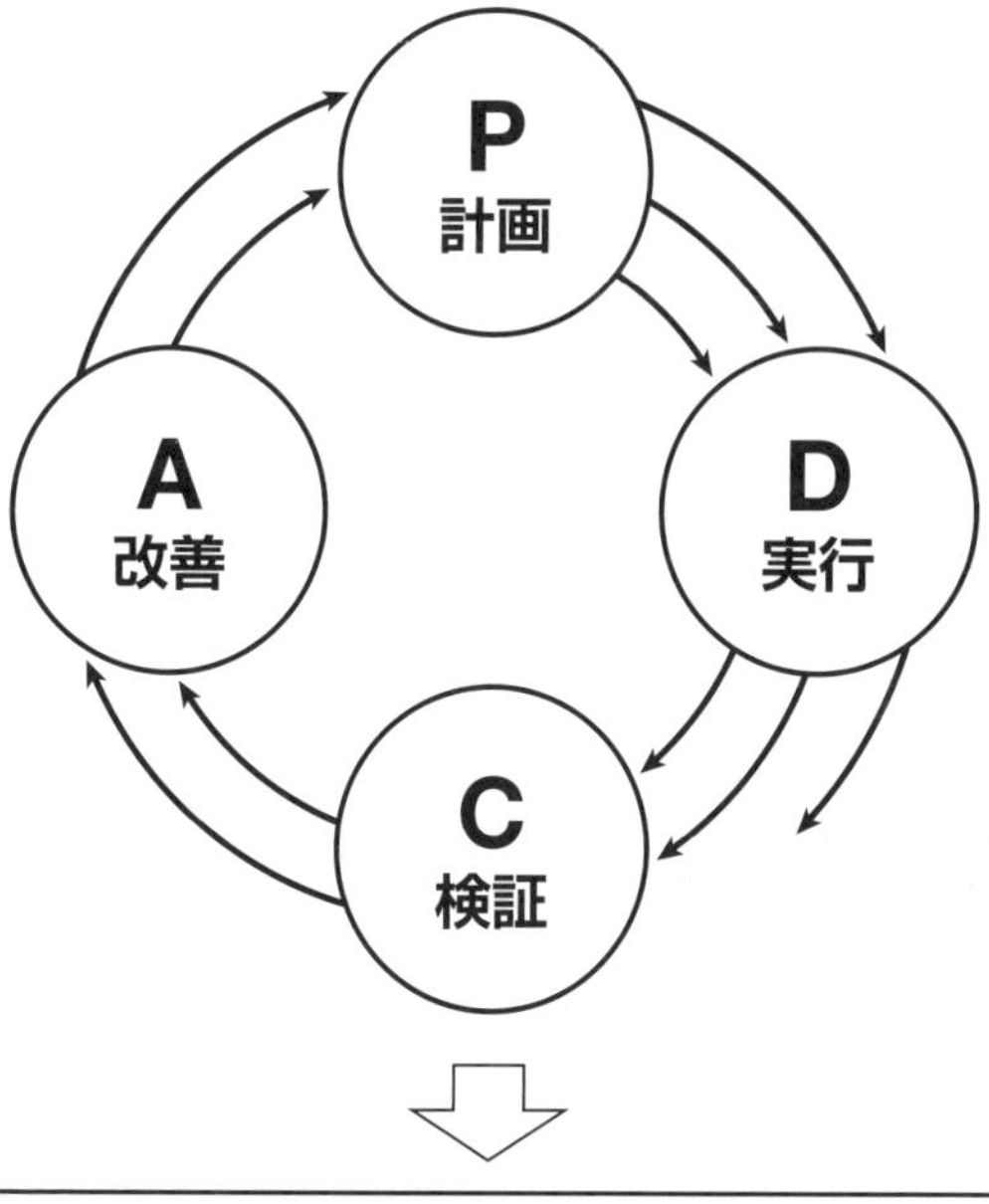

PDCAは一度回して終わりではなく
次のサイクルにつながるので終わりがない

ＰＤＣＡをどれくらいの頻度で回していくかは、内容、範囲や深さによって異なりますが、**月1回や週1回の会議を中心に回していくのが一般的です。**

たとえば営業会議が毎週開かれているとすると、今週の会議で決められた行動計画や目標金額（Ｐ）にそって営業活動を実行（Ｄ）し、翌週の会議では計画と実績の差を検証（Ｃ）します。目標金額の9割しか達成できていないとすると、なぜ達成できなかったのかを検証するわけです。そして、その結果を受けて改善策（Ａ）を実行します。

このとき、どんな仕事でも二つのことを自問するようにしてください。それは「**顧客の役に立っているか？**」と「**会計思考しているか？**」です。

最初の「顧客の役に立っているか？」とは、顧客志向ができているかどうかです。会社というのは顧客をつねに意識していないと「組織の論理」を優先させるようになり、顧客の声とどんどん離れてしまうものです。これは製造部や営業部だけでなく、経理や総務などの間接部門にもいえることです。

次の「会計思考しているか？」は、第1章で申し上げたように、その事業の儲けの構造（損益構造）と現金収支の構造（キャッシュフロー構造）の二つを同時に意識し、利益と現金をどう増やすかを考えて行動することです。「二つの構造を同時に考える」というのは、売上が上がって利益が出ても、顧客によって回収条件が違っていたりして、お金がすぐに手元に入るわけではないからです。

あなたはPDCAを回すときに顧客のことを考えていますか？　会計思考していますか？　これらの視点は自分の仕事を見直すことにもつながり、成果の考え方を確実なものにするきっかけにもなります。

どれくらいの頻度で回すか？

PDCAサイクルは、とにかくひんぱんに回せばよいというものではありません。毎週なのか毎月なのかは、業務効率との兼ね合いで決めることです。

ある商社の支店に勤めている営業マンA君は、数十社の担当顧客との交渉がどのくらい進んだかを表す「受注確度4段階情報」を毎週4時間かけて作り、支店全体のものを取りまとめて本社の営業本部に送っていました。

営業の進捗管理は本社の予算管理上もたしかに大切ですが、毎週かなりの時間を使って本社に報告する意味はあるのでしょうか？

あるとき、会社全体で「仕事のたな卸し」運動が進められることになり、この作業が問題視されて月1回の報告に切り替えられたのです。おかげで毎週4時間かけて作っていた資料も3回分は不要になり、合計12時間も別の仕事に振り向けられるようになりました。会社全体の営業パーソンの人数で見れば、相当な時間が節約されたことになります。

ついでにいうと、この月1回の資料も記入内容などを見直したところ3時間半で作れるようになりました。本社の営業本部でも、月1回のほうが受注の状況がつかまえやすくなったと、よい評価でした。仕事を根本から見直して業務改善された好例です。

では、たとえば経営者がＰＤＣＡを回すとき、それぞれの仕事をどれくらいの頻度で回すのが妥当でしょうか。意思決定はスピードが大事といっても、すべてのＰＤＣＡを高速回転させるのは効率的ではありません。

経営理念や人事制度のように、全社員に浸透させる必要があったり、運用の成果が出るまでに時間がかかるものについては、数年に一度の見直しが望ましいでしょう。一方、経営戦略にかかわる業務は変化への対応がつねに求められますから、高速回転させるのが望ましいでしょう。図表28を参考にしてください。

図表28——経営者PDCAの回転速度は?

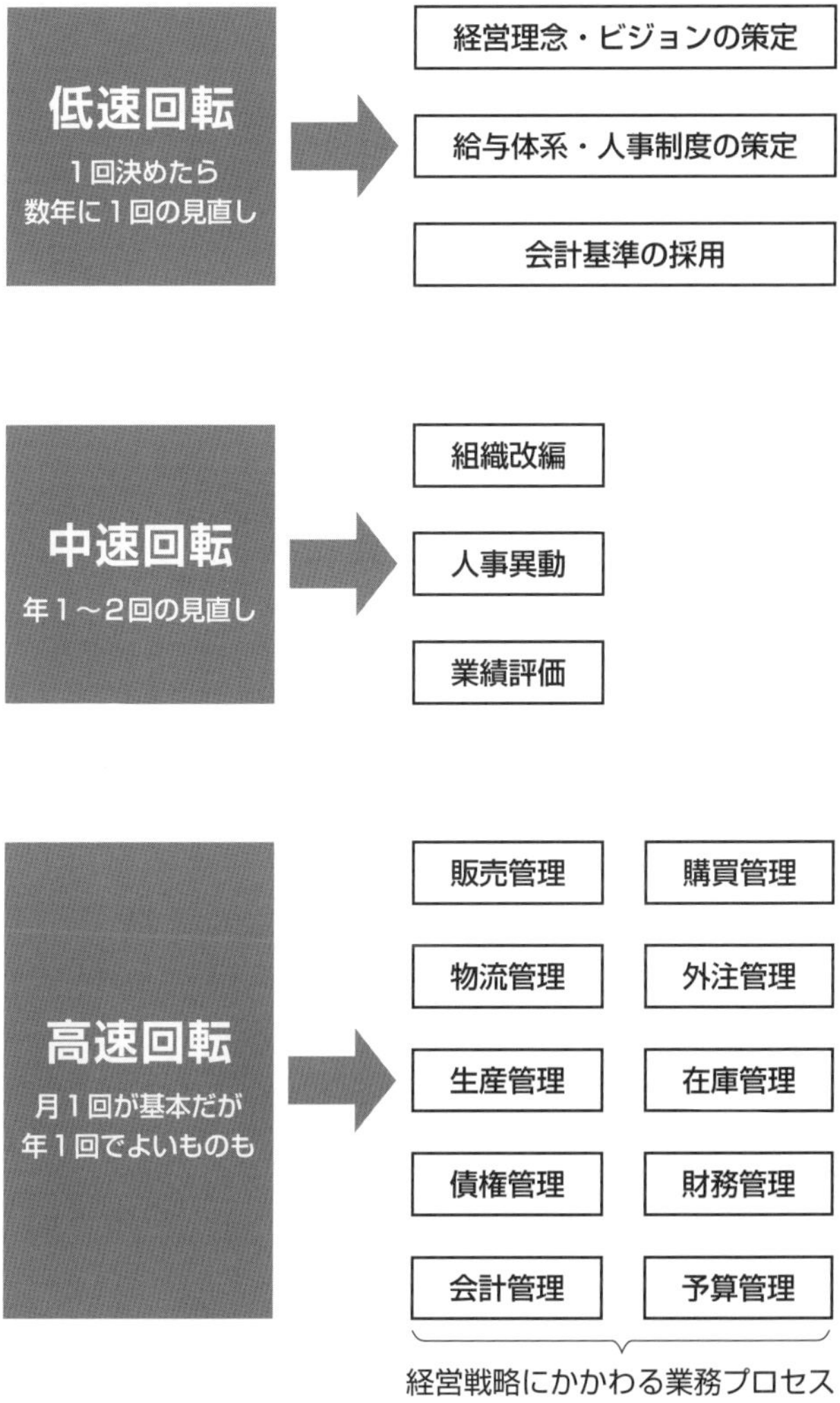

2

PDCA「3種の神器」1

何はさておき「月次決算書」を作ろう

◎──月次決算書は「会社の成長の礎」となる

上場会社では役員会（取締役会）を毎月開いていますが、多くの中小企業ではほとんど開いていないと思います。

しかし、たとえ重要な議題がなくても、毎月1回は役員会を開くことです。前月の経営成績をいち早くチェックし、売上や利益が予算（目標）に届かなかったとしたら「なぜ届かなかったのか？」を検証し、どんな手を打つかを「議論する場」として、役員会はきわめて重要だからです。

そして、その役員会の資料として欠かせないのが月次決算書なのです。年に一度の本決算書は「年次決算書」といわれ、株主や銀行などへの説明資料となるものです。一方、**毎月作る決算書は「月次決算書」といわれ、会社の成長の礎《いしずえ》となるものです。**

たとえば、この**月次決算書の実績が予算に対して10％以上も下回っているとしたら、適切な手を打つことによって会社の危機を避けることができます。**売上を増やすために販促進を行う、入金が遅れている売掛金を催促して回収する、不足しそうな運転資金を銀行から借り入れる…など、さまざまな手をタイムリーに打つことができます。

逆に、売上や利益が予算に対して10％以上も上回っているとしたら、いち早く適切な手を打つことにより、もっと売上や利益を伸ばすことができます。

ここで注意したいのは、月次決算書をどのような形で配布するかです。

中小企業でよく目にするのが、顧問税理士や経理担当者が作った7～8ページもある月次試算表（ＢＳとＰＬの詳細なデータ）をそのままコピーしたものを配っているケースです。それに「資金繰り実績表」が添付されていればまだよいほうで、予算と実績の比較表、セグメント別（品種別、拠点別など）の売上高と営業利益、主な経営分析指標などがついている会社は少ないと思います。

巻末付録の「月次決算報告書（サンプル）」に示したように、Ａ４用紙１枚で月次決算の重要ポイントがすべて俯瞰《ふかん》できるようなものが望ましいです。

翌月5日までに作るのが原則

月次決算書の出来上がるタイミングですが、「顧問税理士に任せているので、翌月20日すぎにできます」などという話をよく聞きます。しかし、これでは遅すぎます。

月次決算書の配布が遅れると、前月の成績が悪ければ手を打つのが遅れ、ますます悪くなってしまいます。成績がよくても、もっとよくなったかもしれないのに手を打つのが遅れて機会損失となります。

月次決算書は、月末締めで翌月5〜6日ごろまでに作ることです。月次決算が遅くなる原因を突きとめ、早く正確に決算する仕組みを整えることが大切です。

こういうと、経営者の方々から「当社には経理担当が1人しかいないから早くするのは難しい」という答えが返ってきそうです。ところが「月次決算が遅い原因」を調べてみると、じつは経理のマンパワーの問題ではないことがほとんどなのです。

- 営業部が月末締めの請求書を取引先に郵送するのが翌月4日すぎてからだ。
- 購買部では当月に仕入れた原材料の単価が月末までに決まっていないものが多い。
- 外注管理課では、当月末までに発注して入荷した部品の契約が月末までに終わっていない。部品の金額が決まらないので原価計算もできない。

- 月末在庫の確定がいつも翌月5日すぎになってしまう。
- 残業代の計算が月末締めなので、集計も遅くなり翌月回しになっている。
- 仮払金の精算が翌月3日すぎにずれ込む。

このように会社の至るところに遅れる原因が潜んでいて、経理担当者の努力だけでは決算を早めるのが難しいのです。ほとんどの場合は、経理担当者以外の現場社員の事務処理スピードのなさが原因なので、これらをすべて改善する必要があります。

いま挙げたような業務の締切日をたとえば月末から25日に変えて、月末までに契約やチェックを終わらせておけば月次決算書に織り込むことができます。もちろん、年次決算だけは期末日（月末）に締め切ればよいのです。正確さを損なわずにスピードを上げるやり方はいくらでもあります。

大事なのは、社長が「月次決算の早期化」プロジェクトの音頭《おんど》をとって、全部門で遅れの原因を究明し、その改善策を打つことです。そのような活動を全社的に行い、1週間以上も短縮できたところが何社もあります。

ぜひ、みなさんの会社でも挑戦してみてください。

3 PDCA「3種の神器」2

会社が成長したら「事業部別損益表」を作ろう

事業が一つだけならわかりやすいけど…

会社の事業が一つしかなければ、その事業の損益構造がそのままPLに表れます。売上高から営業利益までの金額を構成比にすることで、損益構造がわかりやすくなり、それをどう変えれば利益を増やせるのかが簡単につかめます。

図表29をご覧ください。売上高を100とすると、売上原価は54、売上総利益（粗利）は46、販管費は45、営業利益は1（売上高営業利益率1％）となります。これが損益構造の「実績」になります。

次に、損益構造の「目標」を立てます。たとえば「営業利益を8（営業利益率8％）にしたい！」という目標です。それくらいの意気込みで目標を立てないと、着地するときに

図表29――単一事業の損益構造は目標が立てやすい

ＰＬ	決算書の金額（千円）	損益構造（実績、％）	損益構造（目標、％）	差異
売上高	162,590	100	100	―
売上原価	87,925	54	50	−4
売上総利益	74,665	46	50	+4
販管費	72,470	45	42	−3
営業利益	2,195	1	8	+7

売上原価を「4」、販管費を「3」コストダウンすれば
営業利益率は目標の8%になる

ひどい結果になるかもしれません。赤字は絶対に避けたいですし、事業を成長させたければ高い利益率を目指すことです。

目標に近づけるために、売上原価は54↓50、販管費は45↓42にコストダウンする努力をします。これらは製造工程や購買フロー（手続きや承認の流れ）、販売フローなどをかなり見直さないとできないと思います。

もし可能なら、商品の値上げによる売上高アップも考えられます。いまの構造のまま（売上原価と販管費も変わらないとします）でも売上高を１００↓１０７にできれば、営業利益率８％は達成できます。「そんなの無理だよ」といわず、お客様に納得していただけるような「品質・デザイン・アフターサービ

ス の向上」をともなった値上げにチャレンジしてみてください。

ときには原価が値上がりしたことで、仕方なく商品を値上げすることもあるでしょう。そんなときもコストダウンと品質アップが同時に実現できれば、営業利益率8％は達成できるかもしれません。

このように単一事業の場合は、ＰＬの構成比を検討すれば目標が立てやすくなります。

ＰＬには表れない事業ごとの構造をつかむ

ところが、会社が成長して数億円とか数十億円の売上高になると、いくつもの事業を手がけることが多くなります。一つの事業に頼った「1本足打法」では経営が安定しにくいので、二つめ、三つめの事業を育てるわけです。

このように事業がいくつかあるときは、事業部ごとにＰＬを作って管理しないと、どの事業部が儲かっていてどの事業部が儲かっていないのかがわかりません。ここで役に立つのが「事業部別損益表」です。**事業部ごとの成績を月次で把握して、それを毎月追っていけば、全社を合計したＰＬには表れてこなかった事業部ごとの損益構造をつかめるようになります。**

事業部別損益表は、事業部ごとの売上高から売上原価と販管費（33ページで述べた直接費）を差し引いて**貢献利益**を出し、さらにそこから本部の販管費（共通費）を各事業部の売上高の比率で割り振った販管費を引いて、事業部ごとの営業利益を出します。貢献利益とは売上高から直接費を差し引いたもので、前述した限界利益とは異なるものです。

この事業部別損益表を見ると、それぞれの事業部の売上高を100としたときの構成比、とくに営業利益率を比べることができます。営業利益の大小だけでなく、営業利益率の大小で事業部ごとの優劣がはっきりします。この成績表にもとづいて、どの事業部にどれだけ資金や社員を投入するかを判断します。

たとえば、「新しく事業部を作って丸3年経っても赤字のままで、営業利益も営業利益率も改善しない場合には廃止する」などとルールを決めておきます。そうすれば傷口が広がらないうちに、私情を挟むことなく事業をたたむことができます。

ふだん目にする事業部別損益表は、売上高、売上原価、売上総利益までしか記されていないことが多いですが、事業部ごとの販管費と貢献利益、本部の販管費および営業利益まで出すほうが判断材料としてすぐれています。

事業部別損益表の詳しい作り方は、巻末付録を参照してください。

4

PDCA「3種の神器」3

評価のモノサシ「KPI」を設定しよう

KPIは目標達成の必須アイテム

KPIというのはKey Performance Indicatorの略で、重要業績評価指標と訳されます。これは**目標に対する達成度を測るための数値で、PDCAを回すときの評価のモノサシとなるものです。**目標に応じたKPIをいくつか設定し、定期的にその数値をチェックして改善していけば、目標を効率よく達成することができるわけです。

KPIは会計数字から選ばれることが多いのですが、とくに決まった数値があるわけではないので、目標に合わせて適切なものを選ぶようにします。

たとえば、弁護士や税理士が「受任数を増やそう!」という目標を立てた場合、よく使われるのが「サイト訪問者数」「問い合わせ件数」「相談件数」「受任件数」です。事務所のウェブサイトを訪れた人々のうち、何人から問い合わせがあったのか、そのうち何人が相談に訪れ、最終的に何人が受任に至ったのか。それぞれの人数をチェックすれば、どのプロセスを改善して受任数を増やせばいいのかがわかります。

では、もっともよく使われるKPIとは何でしょうか?

それは「予算」です。年度の予算を各月に振り分けた月次予算、事業部別の予算、拠点(支社・支店)別の予算などいろいろありますが、PLの売上高、売上総利益(粗利)、営業利益をKPIに使うのはごく一般的です。

これらの数値を見るときは、第1章で述べたように、予算値と実績値の差を計算したり「構成比」や「変化率」をチェックしたりします。

ぼくがおすすめしているのは、PLの各科目の数値を社員数で割ったものをKPIに設定するというものです。

たとえば「1人あたり年間(月間)売上高」がそれです。この毎年(毎月)の推移を追うだけでもいろいろなことがわかります。ソフトウエア開発会社では、この数値の前年比(前年同月比)を計算することがよくあります。すると、「1本あたりの請負金額がいくら減った」「1人あたりの請負金額がいくら増えた」「社員の平均請求単価が増えた」などがひと目でわかり、対策がとりやすくなります。

また、「1人あたり年間売上総利益（粗利）」は小売業の生産性を測る重要な指標ですし、「1人あたり年間人件費」は業種にかぎらず重要なKPIです。人件費と売上高を組み合わせたKPI、たとえば「1人あたり年間売上高」を「1人あたり年間人件費」で割った数値も使われます。この数値を見ると「昨年度は給料の3・1倍の売上を稼いでいたのに、今年は2・9倍しか稼げなかった」ということがわかります。

そのほか、小売業の「売場面積の坪あたり月別売上高（月坪効率）」「既存店売上高の前年同月比」、コンビニの「1店舗1日あたり来店客数」、旅館やホテルなどの「満室率」、運送業の「1個あたり配送費」、ネット通販の「ページビュー」「コンバージョンレート（成約率）」、物流業（配送、庫内）の「ピッキングリストあたり行単価（コスト）」「欠品率」「誤出荷率」はよく使われます。

スーパーや家電量販店などのお客様の「レジ待ち時間」も、その短縮がサービスの課題になっているので有効なKPIと考えられます。「顧客満足度調査」も大変有効です。人事関連のKPIとして代表的なのは「社員満足度調査」です。経営者や経営幹部が行う

「３６０度評価」という指標もあります。

ヤマト運輸のユニークなＫＰＩ

ヤマト運輸の創業者・小倉昌男さんの名著『経営学』（日経ＢＰ社）には、宅急便を始めたときの苦労談が数多く書かれています。そのなかでぼくがすごいと感じたのは、**小倉さんが「宅急便のサービスレベルを数値として把握できないか？」と疑問を持ったこと**です。

毎日、集配センターに到着した荷物のうち翌日配達できなかった件数を調べ、パーセントで表示してみる。都道府県単位でタテ軸に発地、ヨコ軸に着地を書き、発着都道府県間の総個数に対する翌日配達未了個数をそれぞれのマスに百分比で表す仕組み。このサービスレベル表を毎月発表し、どの県からどの県に行く数値が悪いかを調べ、改善するようにしたということです。まさに「目で見る経営」の実践で、サービスレベルが効率改善のためのＫＰＩとなっています。

さまざまな業務を行うなかで、肌感覚で達成度がつかめたり、関係者に示したりできる指標がＫＰＩです。こんなＫＰＩはありえない、ということはないと思いますので、自分たちで使いやすい数値を指標にしてみてください。

5 計画（P）の立て方しだいで成否が決まる

低い目標を立ててはいけない

ＰＤＣＡを回すときの最初のステップが「計画（Plan）を立てる」です。

このステップでまず大事なのは、**目標を必ず数字で示す**ということです。数字のともなわない言葉だけの目標だと、計画を実行する人たちの理解が得られません。**売上・利益などの会計数字は、会社の状況を正しく表す事実なので的確に伝わる**のです。

また、数字のない目標だと、あと何メートル走ればゴールなのかわかりません。つねに目標に対する達成度をつかむためにも、客観的な数字が必要なのです。

ここで注意しておきたいのは、低い目標値を設定してはいけないということです。たとえば、売上高３～５％成長の予算を作る会社もありますが、そのような平凡な目標値は目標にはなりません。たとえ安定成長を目指していたとしても、かえって落ち込むことのほうが多いものです。これまでのやり方をそのまま踏襲して、守りに入ってしまうからです。できるだけ高い目標に挑戦してこそ道は開けるのです。

ゴールから逆算して計画を立てる

目標値を決めたら、次は**ゴールから逆算して計画を立てていきます。**

たとえば、いまの売上高が5億円、経常利益が3000万円（経常利益率6％）だとして、それを10年後に売上高100億円、経常利益8億円（経常利益率8％）にしたいと考えたとしましょう。無理だと思わずにおつきあいください。

この場合は、まず10年後から逆算していって、2年後、1年後にいくらの売上高と経常利益が必要なのかを考えます。

最初に単純な算式で売上高だけを考えてみます。毎年、前年比135％で成長したとすると、5億円×1・35の10乗で、10年後の売上高は100億5328万円になります。単純に計算しただけですが、これで100億円にちょっとだけ近づきました。

次に、1年後と2年後の売上目標を作ります。1年後は5億円×1・35＝6億7500万円、2年後は6億7500万円×1・35＝9億1125万円となります。切りのよいところで、1年後の売上目標を7億円、2年後を9億5000万円とします。

1年後の計画は、PLの科目ごとに金額を決め、季節変動などを加味しながら月別に割り振っていきます。1年目は損益構造を変えずに進むとすると、1年後の経常利益は売上高7億円×6％＝4200万円、2年後は利益率を少しアップする構造に変えて売上高9億5000万円×6・5％＝6200万円とします。どうです、目標数字がもっと身近になった気がしませんか？

このようにして計画を練っていけば、目標値を達成できる確率が高まります。

行動計画は「5W2H」で決める

目標となる数値が決まったら、次は**行動計画を「5W2H」で決めておきます。**5W2Hとは「いつ（When）、どこで（Where）、だれが（Who）、何を（What）、なぜ（Why）、どのように（How）」の5W1Hに、金額（How much）を加えたものです。

これにより、計画にかかわる各担当者の課題を明らかにするとともに、目標達成の意識を高めることができます。計画を頓挫させないためにも、できるだけ細かく決めておくようにしましょう。

ぼくがよく目にするのは、最初の四つ（いつ、どこで、だれが、何を）は決めているのですが、「なぜ、どのように、いくらで」の三つが抜けているケースです。

しかし、その仕事が「なぜ」必要なのかを説明できていないと、担当者の納得度は高まらず、やる気も起きません。次の「どのように」は、具体的なアクションを説明しておかないと、間違ったやり方、ムダの多いやり方を招くことになり、計画そのものが行き詰まりかねません。最後の「いくらで」は、全体の資金計画のなかでその仕事にいくら使えるのかを割り振っておかないと、コストがどんどん膨らんでしまいます。

この計画段階では、関係部門との調整も忘れないようにします。

たとえば、あるメーカーで新製品を発売することになり、その製造を進めていました。ところが、新しい倉庫を作って新製品のスペースを確保してもらわないといけなかったのに、製造部から物流部にその話が伝わっていませんでした。物流部の予算案には倉庫費用は含まれていなかったので、新製品が出来上がってから初めて問題になったのです。「そんなバカな！」という事例ですが、現実は小説より奇なりということがよく起きます。

上下だけでなく左右のコミュニケーションも密にして、実行に備えましょう。

6 経営計画をどのように立てればいいのか？

経営計画は三つのシナリオを作る

唐突ですが、経営計画は一つだけ作ればよいのでしょうか？

そのほうが面倒でなくていいのですが、**成果を上げるためには「強気」「中立」「弱気」という三つのシナリオを作っておくことです。** 現実はどのように変化していくのかわからないので、それぞれのシナリオに近づいたときのために、あらかじめ準備しておくのです。計画の本質はリスク回避なのです。

たとえば、売上が予想以上に跳ねたときは、商品の出荷が追いつかなくなり、お客様の信用を失うリスクが出てきます。逆に、下振れしたときは借入金が返済できなくなったり、在庫が膨らんだりするリスクがあるかもしれません。それらにすぐ対応できるような準備をしておくことです。

きちんと準備できていれば、売上好調なときは追加生産・追加発注を経てますます売上を増やすことができます。売上低調なときはそれ以上悪くならない手立てや、早めに底を打って回復する手立てをすぐに実行できます。

インターネットがここまで普及すると、想像を超えるような受注増加など、受注爆発といえるようなことも起こりうるのが現実です。その兆しが表れたら、すぐに対応できるように思いをめぐらせ、あらゆる関係先に対して緊急時にどこまで対応してもらえるかを確認しておくことです。

来年度の経営計画を立てる

1年間の経営計画（予算）を立てるときは、まず売上予算（販売計画）を出発点にします。売上高を品種別、得意先別、営業拠点別、事業部別に分けて、季節変動を加味したうえで、毎月の売上目標値を計上します。

一般的には、売上予算のための仕入予算（商品仕入計画）まではよく立てますが、その先になかなかいきません。それは各月末の在庫予算の作成です。売上・仕入れの推移にともなって在庫のスペース、作業効率、物流方法などを勘案しなければならないのです。

それに毎月の経費の予算を立てます。メーカーなら、原価計算書の科目ごとに予算を作ります。それとともに、予定BS、月別資金繰り予定表も作ることです。

本来の予算書は、いろいろな計画書（営業経費計画、設備投資計画、情報システム開発計画、人員計画など）と方針の違いや矛盾がないように、すべてを網羅して作らないと意味がありません。それらの関係を図表30に示しましたので、参考にしてください。

中長期の経営計画を立てる

次は、中長期経営計画の話です。

3年から5年の中長期の経営計画は、ほとんどの会社がPLの計画しか立てていません。それも、せいぜい売上高、経常利益、企業規模（顧客数、店舗数、拠点数、従業員数）を数値化する程度です。

しかし、事業に使っている在庫、売掛金、買掛金、借入金、ひいては総資産が、3年後、5年後にどのくらい増えているか気にならないでしょうか。**本来は3年後、5年後の「予定BS」を作って資産・負債・資本の状況を確認するべきなのです。**それを作って財務分析してみると、効率的に成長していけそうかどうかがわかります。

図表30——1年間の経営計画書（予算書）の中身は?

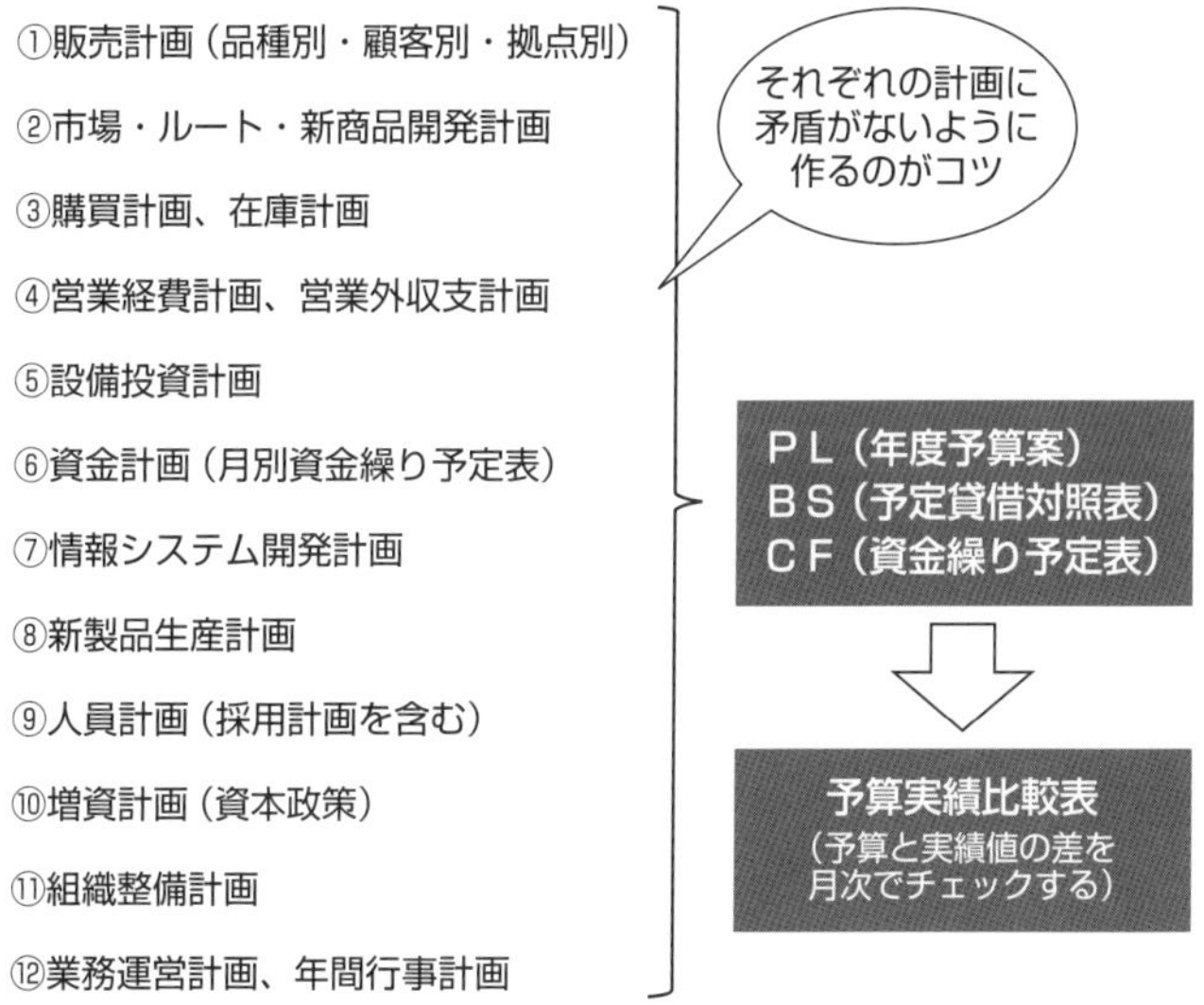

もし売上高や当期利益の成長率（前期比）よりも総資産の成長率（前期比）のほうが高かったら、資産が効率的に活用されていない「肥満型成長」のおそれがあります。借入金の増加や、不良在庫の増加による総資産の膨張が心配されます。このような場合は、どうすれば筋肉質の成長ができるのかを検討することです。

不良在庫の山を抱えて相談にこられた卸売会社があります。社長から話を聞いたところ、どうやら不良在庫の原因は販売計画の作り方にありそうです。「いままで顧客別と製品別の二つの販売計画を作って実行してきました」という社長に対して、ぼくは「それぞれどの部門が販売計画を立てていたのですか？」と聞きました。

すると社長からは、「顧客別の販売計画は本社の営業部が、製品別のほうは本社の購買部が、それぞれの予算を組んで各支店に指示していました。営業部は顧客ごとの売上を増やすという目標を、購買部は製品別の利益率を高めるという目標を持っています」という答えが返ってきました。これでは2人の船頭が一つの船を別々の方向に漕いでいるようなもので、会社が目指す方向に進むはずもありません。

おそらく各支店では、二つの部門からの要求を満たそうとして大量の発注（商品仕入れ）をしてしまった。それを毎年くり返したあげく、不良在庫の山を作ってしまった、ということではないでしょうか。ぼくのアドバイスはこうでした。

「本社の営業部と購買部で協力して、製品別をヨコ軸に、顧客別をタテ軸にしたマトリクス表を作り、お互いの整合性がとれる販売計画を作ってください。それを各支店に伝えて、それぞれの支店で販売戦略を検討すると実行しやすくなりますよ」

部分最適で予算を作るとどこかにしわ寄せがいきますから、全体最適の視点で作るように心がけてください。

7 実行（D）を妨げる要因をどのように取り除くか？

予期せぬ障害を吸収してしまう

ＰＤＣＡの二つめのステップは「実行（Do）する」です。

前述の計画にもとづいて予定どおりに実行できればよいのですが、ビジネスでは１００％計画どおり進むことはまずありません。どれだけ用意周到な計画を立てても、計画漏れや想定外の出来事がつきものだからです。

実行の段階になってから他部門との調整がうまくいかなかったり、メンバーに欠員が出て予算の達成が難しくなったり、お客様や上司から急ぎの仕事を頼まれたりと、現実にはいろいろなことが起きます。**不運を嘆くよりも、そうしたリスクにどう対処するかを考えるのが実行力を高めることにつながります。**

よくあるのが、いまのプロジェクトに専念したいのに上司から別の仕事を頼まれてしまうというケースでしょう。こんなときは、仕事の優先順位を変えなければならないという苦痛から、ついついあわてふためいてしまうものです。

けれども、あわてず冷静に対処することが大切です。

まずは、上司に自分のスケジュールを伝えたうえで、きちんとお願いしてみましょう。

「このような状況で仕事をしていますので、いま飛び込みの仕事が入るとプロジェクトの期限が守れず、完成が遅れてしまいます」

これで了解を得られればいいのですが、そううまくはいかないでしょう。

こうなっても困らないように、どのような仕事をするときでも「新たな仕事が突然降ってきたら、いまやっている仕事をいったん止められるか？」を事前に頭の中でシミュレーションしておくことです。

あるいは、**大きな仕事のかたまりを前もっていくつかの工程に分解（モジュール化）できていれば、一つの工程が終わるたびに新しい仕事を割り込ませることができます。**それだけで突発的な仕事が入ったときの意識が変わり、受け入れられる仕事量が増えるはずです。この対処法は、工場で計画どおりに製造ラインを動かしているときに、突発的な仕事をどのように割り込ませるかを考えるのと同じです。

どちらにしても、想定外の仕事が入ってきたら「実行を妨げる要因をどのように取り除くか?」と考えるのではなく、**「実行を妨げる要因をどのように吸収するか?」**と考えたほうが結果的に時間がかからず、その後の仕事がスムーズに進みます。こうした難問を解決するたびに自分が一つ上のステージにジャンプできたと感じられたら、成長できている証拠です。

ちなみに、計画段階で想定していた条件が変わった場合は、ただちに修正策を立てて実行することになります。いつまでに何を実行するのか、その結果をどのタイミングで報告するのかも決めます。あなたがリーダーなら、それに「誰と誰を組み合わせて」と「それぞれどのような役割分担で」行うのかも判断することになります。

全体最適を考えて実行する

計画を立てる段階であれこれ考えるのはとても大事なことですが、いざ実行の段階になっても行動しない経営者やビジネスパーソンをたまに見かけます。面倒くさいのか、リスクが怖くなったのかわかりませんが、実行しないなら最初から考えていないのと同じです。

それこそ時間とお金のムダでしょう。

考えて、考えて、穴の開くほど考えて、**対象物に成りきるぐらい考えて、ある結論を出したら、ためらわずに自信を持って実行すべきです**。考えていた時間分の人件費をお金に換算したら相当な金額になるはずです。それ以上の成果が得られないと赤字です。会社だったら、赤字が何年も続けば倒産してしまいます。

もう一つ実行段階で大事なのは、**その実行に費やした「時間」と「成果」の関連をつねに考える**ということです。100％徹底して実行するのか、80％の完成度で済ませるのかで、かかる時間はまったく変わります。

自分が100％やりとげたと考えていても、予想していた100％の成果が得られるとはかぎりません。むしろ、プロジェクト全体のスケジュールを俯瞰してみると、80％の完成度の段階で済ませたほうがプロジェクトがスムーズに進み、最終的には成果が高まるということもあります。

部分最適と全体最適は異なるので、実行するときは全体最適の視点で取り組むように心がけましょう。

8 検証(C)で問題点を見つけて対策を練る

計画値と実績値の差をチェックしよう

ＰＤＣＡの三つめのステップは「検証（Check）」です。

このステップでは、計画にもとづいて実行した結果を定期的にチェックします。そして、**計画値と実績値に差があれば、その原因を検証して改善策を練る**のです。

最初に、月次予算を目標にする場合を考えてみましょう。

月末に締めた月次決算書をもとにＢＳとＰＬの各科目の実績値を出し、それを予算の数値と比べます。そして、**金額で5％以上の差がある科目については、一つずつ「なぜ差が出たのか？」を考える**のです。

たとえば、先月の売上予算が５０００万円で実績値が４６００万円だったとすると、売上が４００万円足りない（８％の差異）ので、原因を調べます。その結果、「予定していたB社からの売上600万円が翌月にずれ込んだこと」が主な原因だとすると、それ以外はほぼ予算どおりの売上高で合格ということになります。逆に「粗利の高い商品の販売数が計画より少なかったこと」が原因だとすると、「なぜ販売数が少なかったのか？」を突きとめ、いち早く改善策を立てます。

184ページで述べたように、月次決算書は翌月5～6日までに出来上がるのが望ましいです。遅ければ手を打つのが遅れ、売上・利益がもっと悪くなります。成績がよくても、もっとよくなったかもしれないのに、手を打つのが遅れて機会損失となります。月次決算の遅い会社は、全社を挙げて早くする体制を作りましょう。

分析するときに注意したいこと

予算管理を始めたばかりの会社でよく見られることがあります。月次決算書の作成に不慣れのため、**予算と実績に大きな差が出たものの、じつは「予算が間違っていた」というケースです。**

売上の季節変動を予算に反映していなかった、固定資産税の納付時期を考えていなかった、経営計画発表会の費用を別の月に計上してしまった、工場設備の定期修繕月を間違えたなどは、よく耳にする話です。こうした場合は、分析表にその旨を注記しておき、翌年度の予算計上時に気をつけるようにしましょう。

また、事業内容によっては「毎月詳しく」差を分析しても効果があまりない、ということもあります。たとえば、営業から受注までが数カ月と時間のかかる事業です。請負工事、プラント・設備・機械装置製造、情報システム構築などがそうです。コンペや競争入札をともなう事業も同じです。

これらは、毎月売上予算を組んでいても、ほとんどが前後の月にズレて計上されますし、失注して売上ゼロになることもあります。この場合は、毎月の分析よりも四半期（3カ月間）ごとの分析が有効です。ただし、四半期ごとの分析だけやればよいということではなく、売上の月ズレはやむをえないと考えてその原因を深掘りせず、売上と費用との関係に注目して毎月分析をするようにします。

もう一つ注意したいのは、**予算と実績の差はほとんどないのに、実績の内訳が予定とは大きく異なるケースです。**

たとえば、ある会社には「予算と実績の差が5％以上ある科目は、その原因を予実分析表（予算と実績の分析表）に記すこと」というルールがありました。宣伝部長は先月の広告宣伝費の差が1％しかなかったので、予実分析表には何も記入しませんでした。もちろん、役員会でも報告しませんでした。

ところが、当初計画していた広告（A案）とはまるで違う広告（B案）を打っていたことが3カ月後に判明し、宣伝部長は社長から怒られました。「なぜ、B案に変えたことを報告しなかったのか。どうりで顧客からの反応が鈍かったわけだ！」。

理由があって方法を変えたなら、少なくとも役員会できちんと報告すべきでした。見た目は問題なくても実際は問題あり、という事例でした。

余談ですが、剣豪・宮本武蔵の書き残した言葉に次のようなものがあります。

「戦うときの目のつけようは、大きく広くする。観見《かんけん》二つのことがある。観《かん》（観察）の目がつよく、相手の動作を見る見《けん》の目がよわく、遠い所を近く見て、近い所を遠く見るのが兵法の要点である」（『武蔵と五輪書』津本陽著、講談社）

宮本武蔵は、剣術では外観を見る「見の目」よりも本質を見抜く「観の目」を養うことが大事だといっています。これは剣術の世界だけでなく、ビジネスにも通用することだと思います。

何でも数値化する福岡の会社

「数値が上司」という文化が社内に行き渡り、13年間で売上を15倍に伸ばした「トライアルカンパニー」というディスカウントストアが福岡にあります（「日経BizGate」、2015年7月15日）。

「数値が上司」というのは、何ごとも数値を使って判断するので、数値は全従業員の上司だという意味です。商品の良し悪しなど、何かを判断するときは必ず数値を見て、数値で説明します。ある商品がよい販売トレンドにあるかどうかは売上高（店舗別と商品別）や購買者数のグラフを確認します。そういうことが全従業員の共通認識になっているのです。

まさに検証（C）を数値でわかりやすく正確に評価し、次にとる行動を決める、というよい例だと思います。

「何でも数値化して、その変化を見る」はビジネスをうまく進めるための最良の策です。対象を数値化すると、行動すればその数値が変化し、結果を定量的・客観的につかむことができ、反省点や改善点が具体的に見えてきます。

9 改善（A）の成果を高めるために知っておくこと

◉—因果関係を見きわめるのが大事

ＰＤＣＡの四つめのステップは「改善（Action）」です。

計画（Ｐ）を立てて実行（Ｄ）したら、計画値と実績値の差を比較してその原因を検証（Ｃ）し、すぐに改善策（Ａ）を実施します。このＰＤＣＡサイクルを、経営者だけでなくすべての社員が適時・的確に回すことによって、強い会社を作ることができます。ここでは改善のポイントを考えてみましょう。


みなさん、改善の成果を高めるために心がけることは、何だと思いますか？

ビジネスにかぎらず、ものごとには必ず「原因」と「結果」があります。その**原因と結果をつなげている「因果関係」をしっかり見きわめることが、改善の成果を高めるポイン**

トです。

ある問題点について「こんな目的でこのような行動を起こしたが、中途半端にしか徹底されていなかったので、こんな結果になった」という因果関係が明らかになったとします。すると、「次にどのように修正（改善）すれば、こうなるはず」という道筋が見えてきます。もし結果が思わしくなくても、結果に至るプロセスのなかでどこをどう改善すべきかわかると手が打てます。

よい改善策はよい報告から生まれる

経営会議の席で、ある支店の営業部マネージャーが次のように売上を報告したとします。

「先月は、C商品が予算と比べて20個分、店頭価格で75万円分売れなかったのが主な原因で、当支店では全体で82万円未達の456万円の売上高となりました」

これでは販売結果の羅列にすぎず、売上高が予算に届かなかった原因が説明されていません。予算と実績に差が出た原因が、C商品の配送が間に合わなかったのか、品揃えは十分だったのに宣伝不足で消費者に認知されなかったのか、では打ち手が変わります。「なぜ売れなかったのか」の因果関係の分析ができていないと、次にどんな手を打てばいいのかわかりません。

これでは、会議の参加者は質問する気も起きないでしょう。質疑応答がないとよい結論は生まれません。そもそも会議で発表させるのは、良質の問答を行って参加者のレベルを上げ、よりよい解決方法を見つけて意思決定するためなのです。「正・反・合」の議論がよりよい策を作るのに有効なことは前述しました。


たとえば、先ほどの言葉に続けて、マネージャーが次のように発言したとしたらどうでしょうか?

「有力チェーン店の顧客向けにC商品の販売会やワークショップを今月3回開催しましたが、他社製品よりもすぐれた点を明確に伝えきれず、売上未達になりました」

そうすれば、「どんな集客方法を行ったのか?」「販売会やワークショップのやり方は適切だったのか?」「来場客の本当のニーズは何だったのか?」とか「C商品の利点を整理して伝えたのか?」「なぜ3回しか開催できなかったのか?」と質問することができます。

さらに「販売会やワークショップ開催の標準パターンは確立されているのか。もしなければ標準パターンを話し合って作ろう!」と、良質な解決策に向けて前進したかもしれません。他の支店の勝ちパターンを伝授してもらえる可能性もあります。この想像シナリオ全体が改善の事例です。

C商品が他社商品よりもすぐれていて、リーズナブルな価格で、それらがお客様に正確に伝わり、販売方法も適切だとすれば、予算以上に売れたはずです。

このように因果関係がはっきり分析できていれば、どこをどう修正すればよいのかわかります。この例では「販売方法を変えてみよう」になりましたが、あとはそのようにチャレンジすればよいだけです。

このようにして改善（A）が終わったら、最初のPからAまでの一巡で得た知見をもとに、もう1段レベルの高い計画（P）を作ります。そうしてPDCAをグルグル回していくのです。

10 事例でよくわかる、PDCAをうまく回すコツ

ラッキー製菓の苦しみ

ここでは、ＰＤＣＡの回し方を架空のストーリーで見てみましょう。

舞台はラッキー製菓という大阪の会社です。これまでアイスキャンディー事業１本で堅実に成長してきましたが、３年ほど前から売上が伸び悩んでいます。創業30周年を迎える今期の売上予算は40億円。前期比12％増ですが、けっして実現できない目標ではありません。はたして、福宮社長は売上予算を達成できるのでしょうか？

5月13日の経営会議の席で、経理課長が昨年度の3月期決算と4月の月次決算の内容を報告しています。

「昨年度の業績は、売上高35億７０００万円、営業利益４３００万円でした。これは前期

比6％の減収、20％の減益です。営業利益率も前期の1・4％から1・2％に0・2ポイント減っています。これは、商品別ＰＬからもおわかりのとおり、主力商品『ラッキーちゃん』の原価率が0・2ポイント上昇したのが主な原因です。4月の月次決算も昨日ようやく出来上がりましたが、売上高は予算比87％の2億1800万円にとどまり、営業利益率も1・1％となりました」

この報告を受けて、福宮社長は出席者全員に檄《げき》を飛ばしました。

「昨年度は最悪だった。減収減益の要因は『ラッキーちゃん』が消費者に飽きられ始めたこと、つまり客離れが起きたのだ。それがわかっていたのに新商品の開発は進まず、販促キャンペーンも空振りに終わった。

この数カ月間、売上予算と実績の差はジリジリと広がっていて、4月の月次決算もまったくダメ。このままでは今期の予算達成はとうてい不可能だ。いまこそあらゆる手を打たなくてはならない。すべての社員が他部門との壁を気にすることなく連動して、全社一丸となってＰＤＣＡをきっちり回してほしい！」

福宮社長はその場にいる役員と管理職に危機感を植えつけ、製造部長と営業部長に急いで打開策を提出するよう求めました。

起死回生の計画

経営会議の10日後、新免《しんめん》製造部長と佐々木営業部長が福宮社長に提案したのは、秋冬向けの新商品「ゆるキャラアイス」の投入です。

売上が低迷しているラッキー製菓には、業績を牽引できる新商品が何より必要でした。そして、新商品の発売に合わせて、関西地区の巻き直しと、営業が手薄だった関東地区の売上アップを一気に図ろうというのが2人の戦略でした。

この案は、その日の製販会議でも全会一致で承認され、全国のどの「ゆるキャラ」と提携するかがさっそく話し合われました。その結果、商品化してウケそうな五つの「ゆるキャラ」と交渉することが決まり、それらのライセンス交渉のスケジュールをもとに、生産計画と販売計画が練られました。

じつは、新免部長と佐々木部長の提案は、経営会議のあとに考えた付け焼き刃の案ではなく、半年前から2人で温めてきた改革案でした。2人とも売上低迷の責任を痛感していたのです。各部門の行動計画も添付されていたので、スムーズに計画がまとまりました。うまくいけば、3カ月後の8月22日には新商品を発売することができます。

福宮社長の実行力

「ゆるキャラ」のライセンス交渉が始まると、商品企画課ではその結果を待たずにアイスキャンディーと包装のデザインを検討しはじめ、五つの味と原材料の選定に入りました。また、アイスキャンディーの成型業者と包装資材メーカーに生産スケジュールを見せて、発注の内諾をとっておくことにしました。製造工程のほうは、成型機の調整だけで済みそうです。

福宮社長は新免部長、佐々木部長と相談のうえで、現在の商品ラインナップのなかで利益率のよくない4商品を6月末までに打ち切ることにして、製造ラインの1本を「ゆるキャラアイス」の開発・製造にあてることにしました。

また、東京支店の営業戦略について、佐々木部長と何度も協議を重ねました。

東京支店には5人の営業パーソンがいます。これまでも販路開拓を進めてきたとはいえ、1店あたりの売上高が少ない得意先も多かったのです。そこで、営業効率を高めるために月間販売額が5万円に満たない得意先への営業を取りやめ、上位の得意先に絞って新商品の営業をかけるように支店長に伝えました。あわせて、「ゆるキャラ」ご当地近辺の得意先には、冷凍ショーケースの周りにPOPを立てて宣伝してもらうように指示しました。

さらに、企画、開発、購買、製造、物流の各業務プロセスに新しくKPIを設定し、その数字をもとに目標の進捗管理を行うことになり、毎週1回すべてのKPIを記した「目標・実績チェックシート」を提出してもらうことにしました。

営業のプロセスについては、すべての営業パーソンに営業日報の提出を徹底させ、営業部長や支店長が進捗管理しやすい仕組みを作ることにしました。ただし、日報に時間をかけるのは非効率なので、わずかの時間で書けるように書式を変えることも忘れませんでした。

6月中旬になると、ライセンス交渉を担当していた総務課長から報告が入り、いちばん期待していた「ゆるキャラ」がすでに他の冷菓会社と契約済みだったことを告げられました。残念です。幸い、あとの4件は契約まで進みそうです。

総務課長から報告を受けた福宮社長は、即座に「商品の発売が同時期でなくてもいいから、当初案で補欠だったキャラクターと交渉するように」と命じました。社長は何が起きてもすぐに対応できるよう、頭の中でいろいろシミュレーションしていたようです。

KPIが示した異常値

ある日、新免部長の携帯電話に製造ラインの担当者から連絡が入りました。KPIに設定していた「仕損じ比率」が異常値を示したのです。
「ゆるキャラアイス」は「ラッキーちゃん」に使われていた製造ラインを使っていますが、それでは「ゆるキャラアイス」の微妙な形状を100%再現することはできなかったのです。

ふだんから取引のある成型業者にモールド（型）を作ってもらいましたが、原材料と氷がモールドの隅々まで届かず、仕損じ品が15%以上出てしまいます。これではダメです。「ゆるキャラ」の特徴を多少は損なうことになりますが、モールドを凹凸の少ない形状に変更したところ仕損じ比率は0・7%以下となりました。これでひと安心です。

そのころ佐々木部長は、東京支店の支店長から相談を受けていました。
「支店の営業パーソン全員を販路開拓に振り向けるのは難しいです。新商品のPOPを店頭に置いてもらうなら日参して説得する必要もありますが、それでは既存販路のケアがおろそかになってしまいます。どうしても人手が足りません」
佐々木部長から相談を受けた福宮社長は、大阪本社の営業部から2人を応援に行かせることにしました。

そのほかにも、購買部や物流部でも問題が発生しましたが、そのつど社長からの的確な指示が出て、さまざまな調整が図られることになりました。

改善の末につかんだ希望

福宮社長は、検証作業で明らかになった問題点を一つひとつつぶしていきました。問題が起こるたびに現場に駆けつけ、担当者全員から意見を聞き、改善策をいち早く実行していったのです。

従来の商品ラインナップについても、欠品をなくし、売れ筋の販売強化を通じて商品別PLの予算と実績の差を埋めていくことにより、ラッキー製菓の業績は改善の兆しが表れてきました。

どの部門の人たちも会社の危機を乗り越えようとチームワークよく働き、他部門の応援に駆けつける社員も増えてきました。5月の経営会議での社長の檄《げき》どおり、「他部門との壁を気にせず連動する」重要性が浸透してきたようです。

期待の新商品が発売されて、福宮社長のPDCAが成果を上げる日は近いと思います。

おわりに――会計を無意識のうちに使いこなすには

ビジネスで成功した人たちは、会計や決算書の重要ポイントがわかっています。逆にいえば、ビジネスで成功するためには会計や決算書を理解し、それを使いこなせるようになることが大事なのだと思います。

「自分で始めた事業が何となくうまくいき、創業10年で売上高7億円のところまできたが、これから事業をどう成長させていったらいいかわからない」

「創業から3年目までは順調に成長したが、4年目の昨年は業績も組織も停滞したままで転職者が続き、気持ちまで落ち込んでしまった」

「事業をいくつかやってみて規模も拡大してきたが、どの事業が儲かっているのかわからないので、予算も立てられず、資金や人をどの事業につぎ込めばいいのか迷っている」

これらは過去に相談にこられた経営者の生の声です。

この3人に共通しているのは、「経理のことはすべて税理士任せ」「月次決算書が出来上がるのが翌月20日すぎ」「決算内容といえば、売上がいくらで利益が出ているかどうかしかわからない」「頼りになる経理担当者がいない」ということです。

相談の最後に、ぼくはこの経営者たちにこんなことを申し上げました。

「あなた自身が会計の重要性を理解し、月次決算や本決算の数字を使いこなしていないから、経営課題が少しも解決しないし、頼りになる経理担当者が育たないのです。すべてあなた自身の問題です」

経営者自らが事業の損益構造をきちんと理解し、事業部別損益を正確に把握し、月次決算書を翌月5日までに作ってPDCAを回していれば、前述した3人の不安はすべて解消されるはずです。

日ごろから会計の重要性を理解して向き合うかどうかがビジネスを成功させるキーポイントで、会計オンチではビジネスや経営はできません。会計がわからない経営者や上司には社員はついてきてくれないのです。

そういう人をなくしたいという思いで書いた本なので、ぜひ穴の開くほど読み返して、実践に役立ててほしいと思います。

さて、会計に使われている人たちに朗報かもしれないことを、本書の執筆中に思いつきました。いまのところは冗談半分ですが、近い将来に実現するかもしれません。

どんなデータでも取り込めるセンサーとＡＩ（人工知能）連携による基幹ソフトが発明されて、デスクトップに「会計」というアイコンが表示されています。このアイコンは、ボタンを押すだけで簡単に使えます。
①ある会議のやりとりを録画して基幹ソフトに登録してから「会計」アイコンを押すと、たちどころに「会議の価値」が算出される。
②製造現場で原材料投入から製品完成までを録画してこのソフトに取り込むと、瞬く間に原価計算をしてくれて、１個あたりの原価がわかる。
③個人の目標管理シートに記入したことをソフトが記憶していて、その社員の毎日の仕事ぶりをセンサーで分析して、四半期ごとに給与査定につながる業績予測をしてくれる。どこをどのように改善すれば評価が上がるかもアドバイスしてくれる。
こんなことができるようになったらじつに愉快ですね。
①では、会議で決定された方針が動きだしてその成果が「会議の価値」以下だったとしたら、会議は不要と判定されるでしょう。②では、製造現場を改善して少しでも工程を変

更したらいちいち原価計算シートを書き直していたので、それが省かれてラクになります。
③では、上司はいちばん苦手な部下との給与査定面談で、業績予測シートを使って話し合いができるので気がラクになります。

こんな状況は「会計」をまったく意識しないで使いこなしている状態かもしれませんが、難しい評価や部下とのコミュニケーションを基幹ソフトがサポートしてくれているわけです。これでは人間に怠けグセがついて考えることをやめてしまうので、会計に使われる人は相変わらず立場が変わらないかもしれません。

やはり、こんな夢物語はあきらめたほうがよさそうです。この本を参考にして、どんな仕事にも「会計」をどんどん使ってＰＤＣＡを回し、成果を上げてほしいと思います。

イヤなモノやコトを遠ざけることなく素早く取り組み、何事にも前始末を怠ることなく、会計を使いこなす側に回るように努力しましょう。

何度か失敗をくり返した先の「成功」を祈ります。

安本隆晴

訳が行われ、その結果が元帳に転記されます。１カ月経って、月末には元帳の各科目の残高を算出しておきます。その残高を試算表に書き写して（転記して）、月次試算表が出来上がります。

年に一度の決算期末（たとえば３月決算）には、通常の仕訳のほかに決算処理（減価償却、各種の引当金、商品や有価証券の評価減、税金計算、税効果等）も行った試算表からＢＳとＰＬを作ります。

230ページ下の図表のとおり、試算表の資産と費用の間、それに資本と収益の間で上下に分割すれば２つの決算書が出来上がります。

資産と費用の合計（借方合計）、それに負債、資本、収益の合計（貸方合計）は同じ金額なので、上のＢＳと下のＰＬの断面は同じ金額になります。その断面が当期の利益ということになります。

これで複式簿記のイロハはおしまいです。

もっと知りたくなった人は、簿記や会計の本がたくさん出版されているので、そちらにチャレンジしてみてください。

《答え》

1．資産（普通預金）増加：資本（資本金）増加

借方	貸方
普通預金 10,000,000円	資本金 10,000,000円

2．資産（敷金）増加：資産（普通預金）減少

借方	貸方
敷金 1,000,000円	普通預金 1,000,000円

3．資産（普通預金）増加：資産（売掛金）減少

借方	貸方
普通預金 250,000円	売掛金 250,000円

4．費用（外注費）増加：負債（未払金）増加

借方	貸方
外注費 100,000円	未払金 100,000円

5．資産（普通預金と定期預金）増加：負債（短期借入金）増加

借方	貸方
普通預金 4,000,000円 定期預金 1,000,000円	短期借入金 5,000,000円

できましたか？　最初はちんぷんかんぷんでも何度か見直しているうちにわかるものです。あせらず何度もトライしてみてください。

これらのルールにしたがって、毎日、会計上の取引があるたびに仕

また、たとえば「商品を掛けで売った」という取引は、次のような仕訳になります。この組み合わせは斜めの点線で示しました。

借方	貸方
資産の増加（売掛金の発生）	収益の増加（売上高の発生）

このように仕訳は、５つの借方科目と５つの貸方科目の組み合わせで成り立っているので、５×５＝25通りの組み合わせがありますが、実際にはほとんど使われない組み合わせもあります。

実際に「仕訳」をやってみよう

頭の体操のつもりで、次の取引がどのような仕訳になるかやってみましょう。

《問題》

1．資本金1,000万円で株式会社を設立し、入金した資本金は普通預金に預け入れた。
2．事務所を借りるために敷金100万円を普通預金から振り込んだ。
3．売掛金25万円が回収され、普通預金に振り込まれた。
4．製品10万円を作るために外注し、外注した部品は完成した。支払条件は当月末は未払いとし、翌月末現金払いする予定。
5．銀行から短期で500万円借入れし、400万円を普通預金に、100万円を定期預金に預け入れた。

[5個の大科目×増加と減少＝10個の科目同士の関係]

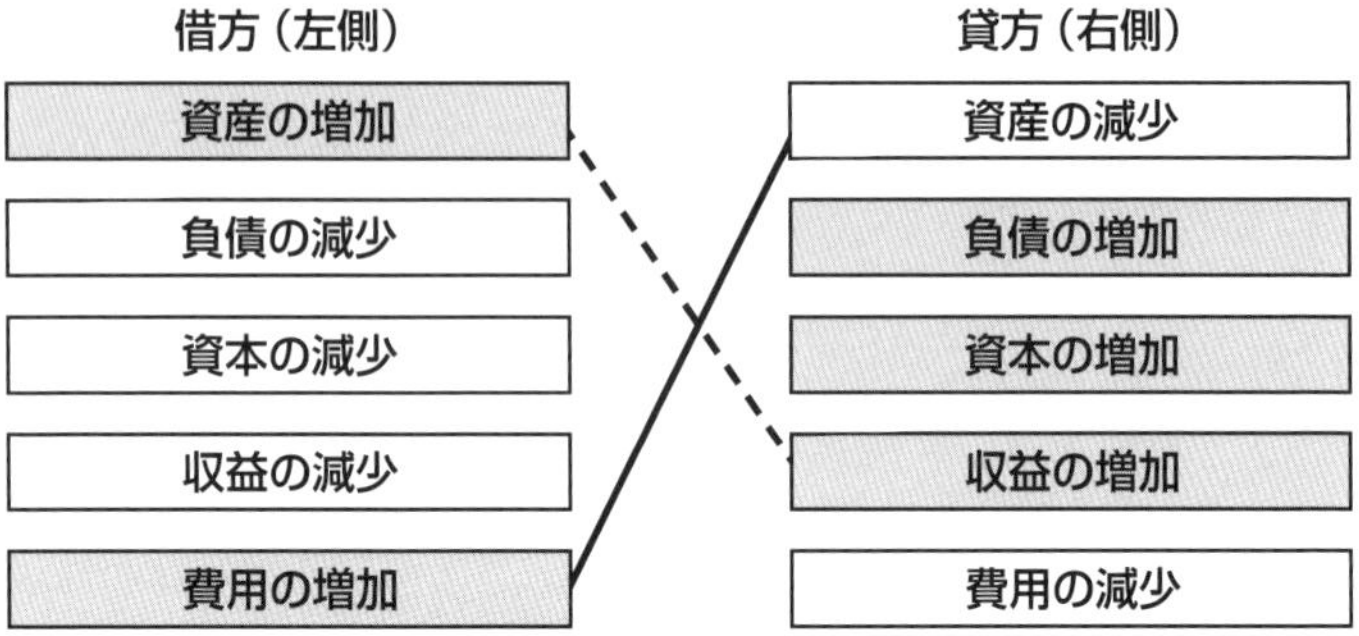

[試算表が2つの決算書に分かれる！]

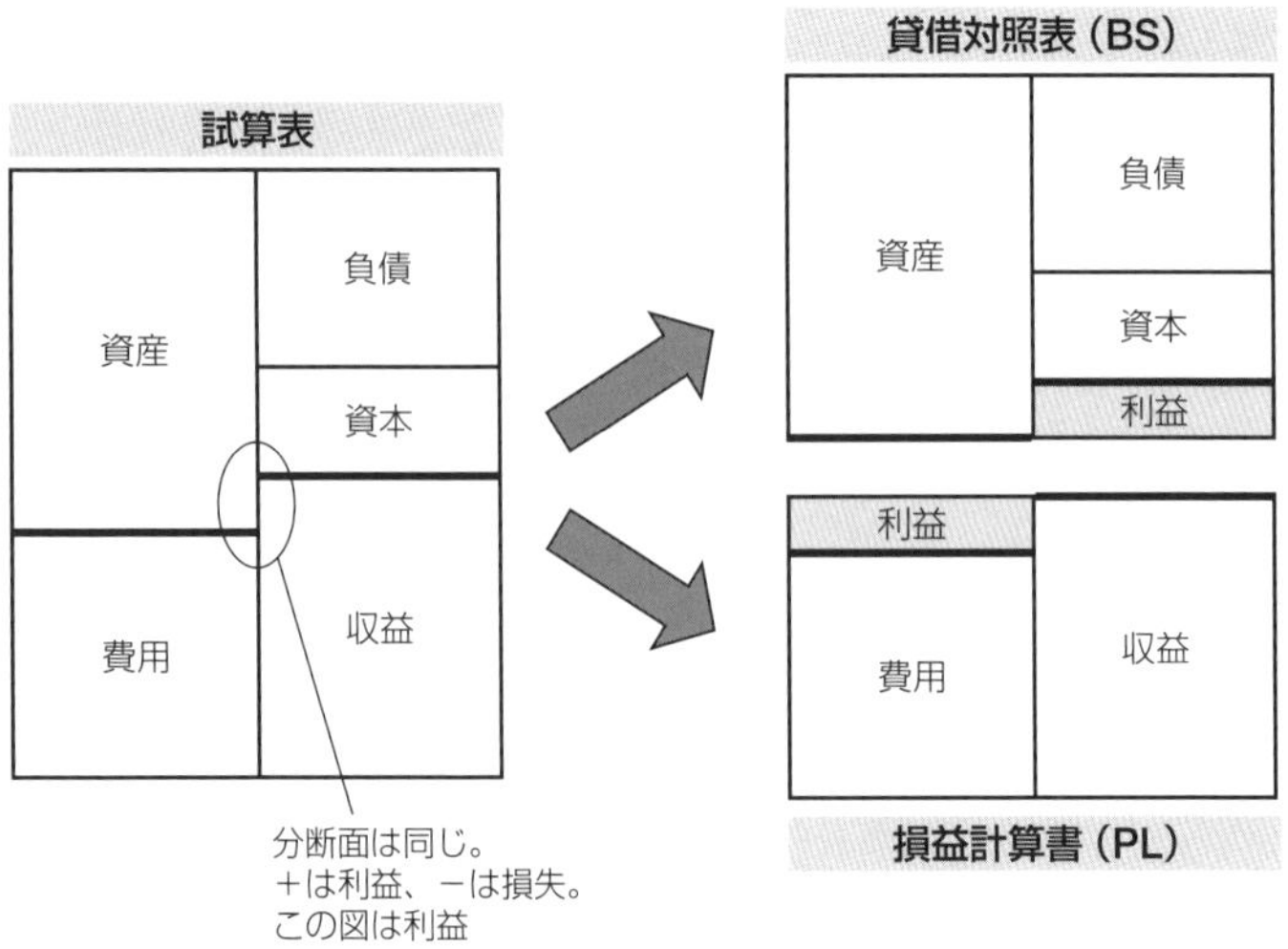

仕訳伝票に記入された取引は、その後、元帳（元帳の事務用品費のページと現金のページ）に記入（転記といいます）されます。前ページに仕訳伝票と元帳の記入例を示しておきました。会計ソフトを使う場合は、仕訳伝票画面に仕訳を入力すると自動的に、元帳のそれぞれの科目に転記されます。

仕訳や決算書に出てくる科目、先ほどの例でいえば「事務用品費」や「現金」などの科目数はたくさんありますが、まず覚えてほしいのは大科目です。大科目は「資産」「負債」「資本」「収益」「費用」の５つしかないので覚えやすいと思います。それらの大科目の下にいろいろな小科目がぶら下がっています。

仕訳では「会計上の取引」をまず左（借方）と右（貸方）の２つの観点に分解し、それぞれの観点に対応するように「資産」「負債」「資本」「収益」「費用」という５つの大科目を割り当てていきます。

これらの大科目にはそれぞれ増加（＋）する場合と減少（－）する場合があるので、正確には10個に分類されることになります。右ページ上の図表を見てください。

まずは、図表のなかのアミがかけられた各科目の「増加」の場所を、各科目の「本籍地」として覚えてください。科目の本籍地だけの表を作ると、右ページ下の試算表となります。

科目の本籍地という表現はぼくだけしかしていないので、どんな簿記の教科書にも載っていません。本籍地の場所がその科目の「増加」する場所で、それ以外が反対側（「減少」）の場所だと覚えてください。

先ほどの仕訳の例では、「費用」科目のなかの事務用品費の増加と「資産」科目のなかの現金の減少でした。右ページ上の図表には科目同士の関連を斜めの実線で示しました。

[仕訳伝票と元帳の記入例]

仕訳伝票の例

2016年 4月 21日　　No. 1600028

金　額	借方科目	摘要	貸方科目	金　額
100	事務用品費	ボールペンを購入	現金	100
100		合　計		100

元帳の例

現　金

日 付	伝票No.	摘要	借 方	貸 方	残 高
……	……	……	……		95,568
4月21日	1600028	ボールペンを購入		100	95,468

現金という資産が減少しているので残高も100円減る

事務用品費

日 付	伝票No.	摘要	借 方	貸 方	残 高
……	……	……	……		180,573
4月21日	1600028	ボールペンを購入	100		180,673

事務用品費という費用が増加しているので残高は100円増える

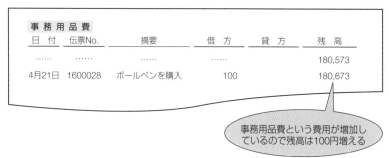

がわからなくなるので、考えないほうがよいでしょう。

仕訳では借方に１つ以上の科目と金額、貸方にも同じく１つ以上の科目と金額が記され、借方・貸方に書いた金額の合計額はつねに一致します。というより、一致させないと仕訳は成立しません。

仕訳が終わったら、それを科目ごとの元帳に別々に記入します。月末になったらその時点の残高を試算表に転記します。そして、決算期末になってその試算表から決算書を作るときも、左右の金額が一致する法則（貸借均衡《たいしゃくきんこう》といいます）が活きてきます。一致していなければ、どこかで数字の記入や転記を間違えたということになります。たとえるなら、右腕と左腕にそれぞれ腕時計をしていて、もし時刻が一致していなければどちらかが正確でないのと同じです。

では、実際に仕訳をやってみましょう。

たとえば、「１本100円のボールペンを買った」という取引があったとします。

これを２つの観点から分解します。「１本100円のボールペンという事務用品が増えた＝事務用品費100円が発生した」という観点と「現金100円が手元からなくなった＝現金100円という資産が減った」という観点です。

前者は、「事務用品費という費用科目の増加」になり、後者は「現金という資産科目の減少」になります。このように２つの科目の増減に分解されたので、それを仕訳伝票に記します。

借方	貸方
事務用品費 100円	現金 100円

す。すぐにお金が動かなくても、請求書を発行したとか、請求書を受け取ったときのように権利・義務が発生した場合も含めて、「会計上の取引」が発生したととらえます。

2．その会計上の取引を一定のルールにもとづいて「仕訳《しわけ》」します。このルールが厄介なのですが、これさえ理解すれば山は越えられるので、がんばって覚えてください。この全体の流れのあとに「仕訳」について説明します。

3．毎日の仕訳の結果を、勘定科目ごとに「元帳《もとちょう》」という帳簿に記録（記帳）します。元帳には、左側に「借方《かりかた》」、右側に「貸方《かしかた》」、いちばん右側には足したり引いたりしたあとの「残高」を書く欄があります。

4．元帳の借方か貸方のどちらかに記帳されたら、つねに残高を計算しておきます。

5．元帳の勘定科目ごとに月末の残高を「月次試算表」に記入します。

6．決算期末を迎えたら、その決算期末の試算表をＢＳとＰＬに分解します。これで２つの決算書の出来上がりです。

「仕訳」のルールと流れ

では、仕訳のルールを説明しましょう。

まず、仕訳伝票（振替《ふりかえ》伝票とも呼びます）という用紙（Ｂ６版横くらいの小片）の左と右に科目と金額を書きます。最近では、用紙ではなく会計ソフトを使ってパソコンに入力するようになりました。左と右をそれぞれ借方、貸方と呼びます。なぜそう呼ぶのかを考えると訳

2 複式簿記のイロハを学ぶ

そもそも簿記ってどんなもの？

「簿記」というのは、会社の活動で発生した取引（お金やものの出入り）を帳簿に記録し、決算書を作る方法のことです。帳簿の「簿」と記録の「記」を合わせた言葉で、英語のBookkeepingの訳語です。明治時代の初めごろは「記簿法」と訳されていましたが、英語の読み方をカタカナで記すと「ブッ、キ」になるので、「ボキ＝簿記」とひっくり返したという話を聞いたことがあります。

いまでは「複式簿記」が当たり前ですが、日本では数百年にわたって「単式簿記」が使われてきました。単式簿記とは、収入と支出だけを帳簿に記録していく方法です。江戸時代の商家で使われていた「大福帳」もその１つですが、これでは本当に儲かっているのかどうかわかりません。そこで、明治維新によって西洋の簿記の方法が輸入されてきました。これが「複式簿記」です。

複式簿記は、１つの取引を２つの側面からとらえて帳簿に記録する方法で、16世紀以降、イタリア商人の使っていたものが世界中に広まっていきました。万国共通語といえるもので、文豪ゲーテは「複式簿記が商人にあたえてくれる利益は計り知れないほどだ。人類の精神が産んだ最高の発明の一つだね」と表現しています（『ヴィルヘルム・マイスターの修業時代（上）』山崎章甫訳、岩波文庫）。

会社の決算書（ＢＳとＰＬ）は、この複式簿記によって作られています。その流れを簡単に説明しましょう。

１．会社が動く（社員のみなさんが行動を起こす）とお金が動きま

（千円）

10月	11月	12月	1月	2月	3月	年間合計
294,749	294,507	291,629	272,936	281,407	246,430	240,000
87,500	89,600	94,500	79,800	75,600	98,000	1,015,700
11,600	12,500	12,800	13,500	11,400	10,800	141,800
25,000	21,600	23,200	25,000	25,600	27,000	286,400
0	500	0	0	0	0	2,550
124,100	124,200	130,500	118,300	112,600	135,800	1,446,450
13,000	13,312	14,040	11,856	11,232	14,560	150,904
52,000	44,928	48,256	52,000	53,248	56,160	585,624
13,750	14,080	54,850	12,540	11,880	15,400	219,610
13,920	15,000	15,360	16,200	13,680	12,960	169,920
9,280	10,000	10,240	10,800	9,120	8,640	114,630
48,000	0	0	0	42,000	0	135,000
0	25,300	0	0	0	0	65,000
393	458	448	433	418	403	4,655
150,343	123,078	143,194	103,829	141,578	108,123	1,445,343
-26,243	1,123	-12,694	14,472	-28,978	27,678	1,107
30,000	0	0	0	0	0	80,000
0	0	0	0	0	0	0
4,000	4,000	6,000	6,000	6,000	6,000	53,000
0	0	0	0	0	0	0
26,000	-4,000	-6,000	-6,000	-6,000	-6,000	27,000
294,507	291,629	272,936	281,407	246,430	268,107	268,107

10月	11月	12月	1月	2月	3月	年間合計
125,000	128,000	135,000	114,000	108,000	140,000	1,451,000
65,000	66,560	70,200	59,280	56,160	72,800	754,520
13,750	14,080	54,850	12,540	11,880	15,400	219,610
15,000	15,360	16,200	13,680	12,960	16,800	174,120
10,000	10,240	10,800	9,120	8,640	11,200	116,080
183,000	179,000	173,000	167,000	161,000	155,000	

[資金繰り予定表(サンプル)]

(2016年4月1日～2017年3月31日)

		4月	5月	6月	7月	8月	9月
前月末現金預金残高		240,000	262,345	249,623	269,055	267,762	278,848
経常収入	①現金売上	84,000	80,500	81,900	87,500	75,600	81,200
	②売掛金回収	10,700	12,000	11,500	11,700	12,500	10,800
	③受取手形期日入金	21,800	20,800	26,000	24,000	23,000	23,400
	その他	500	0	1,200	0	350	0
	合計	117,000	113,300	120,600	123,200	111,450	115,400
経常支出	④現金仕入	12,480	11,960	12,168	13,000	11,232	12,064
	⑤支払手形決済	43,500	42,600	46,500	49,920	47,840	48,672
	⑥人件費支払	13,200	12,650	12,870	33,750	11,880	12,760
	⑦外注費支払	12,600	14,400	13,800	14,040	15,000	12,960
	⑧経費支払	9,750	9,600	9,200	9,360	10,000	8,640
	⑨設備投資	0	45,000	0	0	0	0
	⑩税金・配当金	0	36,500	3,200	0	0	0
	⑪支払利息	125	313	430	423	413	403
	合計	91,655	173,023	98,168	120,493	96,365	95,499
経常収支		25,345	-59,723	22,432	2,708	15,086	19,902
財務収入と支出	⑫借入金収入	0	50,000	0	0	0	0
	増資・社債発行等	0	0	0	0	0	0
	⑬借入金返済	3,000	3,000	3,000	4,000	4,000	4,000
	その他	0	0	0	0	0	0
	財務収支	-3,000	47,000	-3,000	-4,000	-4,000	-4,000
当月末現金預金残高		262,345	249,623	269,055	267,762	278,848	294,749

		4月	5月	6月	7月	8月	9月
損益予算	⑭売上高(予算)	120,000	115,000	117,000	125,000	108,000	116,000
	⑮仕入高(予算)	62,400	59,800	60,840	65,000	56,160	60,320
	⑥人件費支払	13,200	12,650	12,870	33,750	11,880	12,760
	⑯外注費(予算)	14,400	13,800	14,040	15,000	12,960	13,920
	⑰経費(予算)	9,600	9,200	9,360	10,000	8,640	9,280
⑱当月末借入金残高		125,000	172,000	169,000	165,000	161,000	157,000

12. 経常収支がマイナスとなった月に、それに見合う金額の借入金収入⑫を記入する。
13. 借入金返済条件に合わせて⑬に返済予定額を記入する。
14. 前期末借入金残高、⑫、⑬によって⑱を計算する。
15. ⑱から金利（年利）３％として、支払利息⑪を計算する。
16. 経常収支を再計算する。
17. １カ月経つごとに、予定をすべて実績値に置き換える。つねに１年先までの予定表を作って更新していく。

４月から実際に使い始めて翌５月に入ったら、４月分をすべて実績値に変えておきます。そうすれば、しばらくの間は「資金繰り実績兼予定表」として使えます。予定表の部分は、少なくとも３カ月先まで作っておかないと予定表の意味がないので、12月に入ったら17年４月分以降の予定表を作ってつなげてください。

予定表を作ったら、それをもとに翌月以降のすべての月末の現金預金残高を見て、危険残高の水準を切りそうなら事前に借り入れるなどの資金繰りを検討して実行します。

現金預金残高の危険水準をどのくらいにしておくかは、会社によって異なります。年間の月平均売上高を算出して、少なくともその１カ月分の残高は確保しておきたいところです。売上の季節変動が大きい会社はそれも加味して、売上高・仕入高が膨らむ月の前月末は最低1.5～２カ月分の残高は欲しいです。

資金繰り予定表は、資金繰りの方法と金額をシミュレーションするために作るものです。目的は資金ショートを起こさないようにすることなので、月中に何度か修正されることが多いと思っていたほうがよいと思います。

「資金繰り予定表」の作り方

次の見開き２ページに、１年間の「資金繰り予定表」のサンプルを示しておきました。その作り方と手順は次のとおりです。

1. まずは、１年間の短期経営計画（予算）を作り、表の下の「損益予算」⑭〜⑰に数字を記入する。
2. 人件費予算（通常月は当月売上高の11％と仮定し、賞与月は賞与を加味する）は、当月発生予定額がほぼそのまま現金支出となるので、損益予算と経常支出の２カ所の⑥に記入する。
3. 売上高の７割が現金売上と仮定する（①＝⑭×0.7）。
4. 売上高の１割が掛け売りで、売上の翌月に現金回収すると仮定（②＝前月⑭×0.1）。
5. 売上高の残りの２割が掛け売りののち、３カ月サイトの手形で回収すると仮定（③＝３カ月前⑭×0.2）。
6. 現金仕入は仕入予算の２割（④＝⑮×0.2）。
7. 仕入予算の８割は、３カ月サイトの手形支払（⑤＝３カ月前⑮×0.8）。
8. 外注費支払は前月の外注費予算と同額（⑦＝前月⑯）。
9. 経費支払は前月の経費予算と同額（⑧＝前月⑰）。
10. 設備投資⑨は、設備投資スケジュールから実際の現金支出をする月に記入する（銀行への借入交渉は近づいたら行う）。⑩も実際支出予定月に記入する。
11. 支払利息⑪を計算する前にいったん、当月の経常収入から経常支出を差し引いて経常収支を出す。

［拠点別・品種別の損益表（サンプル）］

①3支店がそれぞれ3品種を販売している

（千円）

ＰＬ		会社全体	構成比	本部	Ｘ支店	構成比	Y支店	構成比	Ｚ支店	構成比
売上高		300,000	100%	0	120,000	100%	100,000	100%	80,000	100%
売上原価		184,870	62%	0	77,050	64%	60,100	60%	47,720	60%
売上総利益		115,130	38%	0	42,950	36%	39,900	40%	32,280	40%
販管費	直接費	93,800	31%	50,000	17,500	15%	13,500	14%	12,800	16%
	共通費	0	0%	-50,000	20,000	17%	16,667	17%	13,333	17%
営業利益		21,330	7%	0	5,450	5%	9,733	10%	6,147	8%

②支店別に３品種の損益表を作る

（千円）

Ｘ支店のＰＬ		合計	構成比	Ａ商品	構成比	Ｂ商品	構成比	Ｃ商品	構成比
売上高		120,000	100%	60,000	100%	35,000	100%	25,000	100%
売上原価		77,050	64%	39,600	66%	19,950	57%	17,500	70%
売上総利益		42,950	36%	20,400	34%	15,050	43%	7,500	30%
販管費	支店全体	17,500	15%	8,750	15%	5,104	15%	3,646	15%
貢献利益		25,450	21%	11,650	19%	9,946	28%	3,854	15%

Ｙ支店のＰＬ		合計	構成比	Ａ商品	構成比	Ｂ商品	構成比	Ｃ商品	構成比
売上高		100,000	100%	20,000	100%	70,000	100%	10,000	100%
売上原価		60,100	60%	13,200	66%	39,900	57%	7,000	70%
売上総利益		39,900	40%	6,800	34%	30,100	43%	3,000	30%
販管費	支店全体	13,500	14%	2,700	14%	9,450	14%	1,350	14%
貢献利益		26,400	26%	4,100	21%	20,650	30%	1,650	17%

Ｚ支店のＰＬ		合計	構成比	Ａ商品	構成比	Ｂ商品	構成比	Ｃ商品	構成比
売上高		80,000	100%	12,000	100%	60,000	100%	8,000	100%
売上原価		47,720	60%	7,920	66%	34,200	57%	5,600	70%
売上総利益		32,280	40%	4,080	34%	25,800	43%	2,400	30%
販管費	支店全体	12,800	16%	1,920	16%	9,600	16%	1,280	16%
貢献利益		19,480	24%	2,160	18%	16,200	27%	1,120	14%

③支店別ＰＬから３品種の全社合計ＰＬを作る

（千円）

3支店合計ＰＬ		Ａ商品	構成比	Ｂ商品	構成比	Ｃ商品	構成比	本部	全社ＰＬ
売上高		92,000	100%	165,000	100%	43,000	100%	0	300,000
売上原価		60,720	66%	94,050	57%	30,100	70%	0	184,870
売上総利益		31,280	34%	70,950	43%	12,900	30%	0	115,130
販管費	支店全体	13,370	15%	24,154	15%	6,276	15%	0	43,800
貢献利益		17,910	19%	46,796	28%	6,624	15%	0	71,330
販管費	本部費	0	0%	0	0%	0	0%	50,000	50,000
	３品種に配分	15,333	17%	27,500	17%	7,167	17%	-50,000	0
営業利益		2,577	3%	19,296	12%	-543	-1%	0	21,330

です。右ページの図表をご覧ください。

販売拠点別にＸＹＺの３つの支店があり、それぞれの支店でＡＢＣの３つの品種の商品を販売しているとします。拠点別・品種別の損益を詳しくつかむためには、このような表を作るとよいでしょう。

まずは①のように販売拠点別（３つの支店別）のＰＬを作り、それに本部の費用を共通費として各支店に割り振り、各支店の営業利益を出してみます。次は②のように、各支店のＰＬを分解して３種類の商品別にＰＬを作ります。そして最後に、３種類の商品別ＰＬを串刺しにして（３支店分を商品別に合計して）、それに本部費用を売上高の比率で割り振ったのが③の表です。

これらの表から、どんなことがわかるでしょうか？

①の販売拠点別ＰＬでは、Ｘ支店の売上高がいちばん多いのに、営業利益率は５％といちばん低く効率が悪いことがわかりました。

②の支店別の品種別ＰＬを作ってわかったのは、Ｂ商品の貢献利益率がどの支店でも高く、Ｂ商品をいちばん多く売っているＹ支店では貢献利益率が30％になっています。逆に、Ｃ商品の貢献利益率は低く、Ｚ支店では14％ともっとも低くなっています。

③の品種別の３支店合計ＰＬでは、Ｃ商品の営業利益が赤字だとわかりました。

それぞれ問題点が浮き彫りになったので、Ｘ支店に関しては損益構造の徹底した改善を、Ｃ商品に関しては将来性を検討しつつコストダウンか品質改善、売値アップを検討することです。それも期限つきで決断すべきでしょう。

このようにいろいろな観点からＰＬを事業構造別に切り取って、損益のかたちを分析することをおすすめします。

［事業部別損益表（サンプル）］

（千円）

2016年10月（単月）		A事業部		B事業部		C事業部		本部	合計	
		金額	構成比	金額	構成比	金額	構成比	金額	金額	構成比
売上高		15,638	100%	23,587	100%	28,967	100%	0	68,192	100%
売上原価		9,383	60%	14,388	61%	18,249	63%	0	42,020	62%
売上総利益		6,255	40%	9,199	39%	10,718	37%	0	26,172	38%
販管費	直接費	3,597	23%	5,826	25%	7,821	27%	8,201	25,445	37%
貢献利益		2,658	17%	3,373	14%	2,897	10%	0	—	—
販管費	共通費	1,881	12%	2,837	12%	3,484	12%	-8,201	—	—
営業利益		778	5%	536	2%	-587	-2%	0	727	1%

2016年4～10月（累計）		A事業部		B事業部		C事業部		本部	合計	
		金額	構成比	金額	構成比	金額	構成比	金額	金額	構成比
売上高		108,877	100%	164,213	100%	203,467	100%	0	476,557	100%
売上原価		65,091	60%	99,820	61%	128,442	63%	0	293,354	62%
売上総利益		43,786	40%	64,393	39%	75,025	37%	0	183,203	38%
販管費	直接費	24,281	22%	39,886	24%	53,852	26%	56,173	174,192	37%
貢献利益		19,505	18%	24,507	15%	21,173	10%	0	—	—
販管費	共通費	12,834	12%	19,356	12%	23,983	12%	-56,173	—	—
営業利益		6,672	6%	5,150	3%	-2,810	-1%	0	9,012	2%

2016年10月末（BSより）	A事業部		B事業部		C事業部		本部	合計	
	金額	回転期間（カ月）	金額	回転期間（カ月）	金額	回転期間（カ月）	金額	金額	回転期間（カ月）
売上債権	24,456	1.6	46,230	2.0	53,989	1.9	0	124,675	1.8
たな卸資産	18,766	2.0	35,980	2.5	34,673	1.9	0	89,419	2.1
有形固定資産	42,568	—	25,687	—	79,368	—	168,967	316,590	—
仕入債務	19,704	2.1	30,647	2.1	40,878	2.2	0	91,229	2.2

従業員数（人）	6	9	13	15	43

「事業部別損益表」の作り方

図表には、ＡＢＣの３つの事業部がある事業部別損益表を示しました。品種別、支店別など、会社によってセグメント（区分）基準が異なるので、それに合わせて作ってください。

販管費については、32〜34ページで説明したように、直接費と共通費に分ける必要があります。まず、その事業だけにかかった直接費を集計し、次にすべての事業にかかわる共通費を何らかの基準で各事業部に割り振ります。割り振るときの基準は、事業部ごとの売上高比、人数比、人件費の比率、使用面積比など、それぞれの科目ごとに本来は異なるはずなので、正確には科目ごとに割り振るべきです。しかし、それほど差がないようなら販管費のなかの共通費を事業部ごとの売上高の比率で割り振ってもかまいません。

図表のいちばん下には、事業部ごとの従業員数も記しておきました。この人数比で１人あたり売上高を計算して比較してもよいと思います。

また、みなさんの会社の必要性に応じて事業部別ＢＳも作って管理するべきですが、図表では「売上債権」「たな卸資産」「有形固定資産」「仕入債務」の重要な４科目だけを記しておきました。

出来上がった事業部別損益表にもとづいて、各事業部がどのような損益状況なのか、どの事業をどのように強化すべきか、あるいは事業を廃止すべきかどうかなどを議論します。

理解を深めるために、もう１つ「拠点別・品種別の損益表」を作ってみました。正確にいえば、１つではなく①〜③までの３種類のＰＬ

[月次決算報告書(サンプル)]

PL	2016年3月				2015年4月～2016年3月累計			
	当月実績	予算	予算比	前年比	当月実績	予算	予算比	前年比
	(千円)	(千円)	(%)	(%)	(千円)	(千円)	(%)	(%)
売上高								
売上原価								
売上総利益								
(粗利率)%								
販管費								
(販管費率)%								
営業利益								
(営業利益率)%								
経常利益								
税引前利益								

BS	当月末残	前月末残	差額
	(千円)	(千円)	(千円)
現金預金			
売上債権			
(売上債権回転期間)ヵ月			
たな卸資産			
(在庫回転期間)ヵ月			
その他流動資産			
流動資産　計			
固定資産　計			
資産合計			
仕入債務			
長・短借入金			
その他負債			
負債 計			
純資産 計			
(純資産比率)%			
負債・純資産合計			

※当月売上高の分析、売上原価の分析、販管費の明細、資金繰り実績表及び資金繰り予定表は別紙添付

セグメント別売上高	当月売上高	予算比	前年比	売上高累計
	(千円)	(%)	(%)	(千円)
A部門				
B部門				
C部門				
合計				

セグメント別営業利益	当月営業利益	予算比	前年比	営業利益累計
	(千円)	(%)	(%)	(千円)
A部門				
B部門				
C部門				
合計				

販管費明細	当月実績	予算比	前年比	販管費累計
	(千円)	(%)	(%)	(千円)
販売費				
人件費				
地代家賃				
物流費				
その他				
販管費計				

〈当月の振り返り(トピック)〉

〈次月のアクションプラン〉

1 経営管理書類の作り方

「月次決算書」の作り方

右ページの図表は「月次決算報告書」というタイトルで、当月のＰＬ（損益計算書）とＢＳ（貸借対照表）、セグメント（事業部）別の売上高と営業利益、販管費の明細、それぞれの実績値と予算比、前年比、そして「当月の振り返り（トピック）」と「次月のアクションプラン」を記せるようにしました。毎月の役員会や経営会議で報告される項目を含んでいます。

ＰＬのなかには粗利率、販管費率、営業利益率を、ＢＳのなかには売上債権回転期間、在庫回転期間、純資産比率を記入できるようにしてあります。

また、ＢＳの科目は、一般的に重要性の高い「現金預金」「売上債権（売掛金＋受取手形）」「たな卸資産（在庫の合計）」「仕入債務（買掛金＋支払手形）」「長・短借入金」「純資産」にしましたが、みなさんの会社でそれ以外に重要な科目があれば「その他流動資産」「その他負債」から独立して記してください。

この月次決算報告書には、添付資料として次の表をつけるとよいと思います。

①当月の売上高の分析表（顧客数、平均販売単価、販売個数、それぞれの前年比と予算比など）、②売上原価の分析表（平均原価の前年比、製造上のトピックなど）、③販管費の科目別明細表、④事業部別損益表（または品種別損益表）、⑤資金繰り実績表、⑥資金繰り予定表など。

巻末付録

経営管理書類の
作り方と
複式簿記のイロハ

［著者］
安本隆晴（やすもと・たかはる）
公認会計士・税理士。株式上場準備コンサルタント。
1954年静岡生まれ。1976年早稲田大学商学部卒業後、朝日監査法人（現・あずさ監査法人）などを経て、安本公認会計士事務所を設立。1990年(株)ファーストリテイリング（旧・小郡商事）の柳井正社長と出会い、以降、株式上場準備コンサルタント・監査役として、同社の成長を会計面から支えてきた。現在、アスクル(株)、(株)リンク・セオリー・ジャパン、(株)UBICの監査役でもある。2013年3月まで6年間にわたり中央大学専門職大学院国際会計研究科特任教授を務めた。2014年5月より若手経営者向けの勉強会「未来経営塾」を開講している。
著書に『強い会社をつくる会計の教科書』『伸びる会社をつくる起業の教科書』『「ユニクロ」！監査役実録』（以上、ダイヤモンド社）、『コンサルタントは決算書のどこを見ているのか』（PHP研究所）など。柳井正著『一勝九敗』『成功は一日で捨て去れ』（ともに新潮社）の編集にも携わった。
著者Eメール：takay@blue.plala.or.jp

新入社員から社長まで
ビジネスにいちばん使える会計の本

2016年4月21日　第1刷発行
2018年4月11日　第6刷発行

著　者――安本隆晴
発行所――ダイヤモンド社
〒150-8409　東京都渋谷区神宮前6-12-17
http://www.diamond.co.jp/
電話／03･5778･7234（編集）　03･5778･7240（販売）
装丁――――井上新八
本文デザイン――布施育哉
本文DTP――桜井淳
製作進行――ダイヤモンド・グラフィック社
印刷――――信毎書籍印刷（本文）・加藤文明社（カバー）
製本――――本間製本
編集担当――小川敦行

ISBN 978-4-478-06803-8